일러두기

1. 우리 유물 유적의 역사가 자연스럽게 읽히도록 시대 흐름에 따라 차례를 구성하였습니다. 단,
   내용상의 중요성을 고려하여 몇몇 유물 유적에는 예외를 두었습니다.
   가야의 유물인 '철 갑옷'은 삼국과 함께 다루었으며, 언제 만들어졌는지 정확히 알 수 없는 '한지'
   는 종이와 가장 밀접하게 연관 있는 우리나라 인쇄술 내용을 다룬 '금속 활자' 다음으로 순서를
   배치했습니다. '석빙고'는 주로 사용된 시기인 조선으로 분류했습니다.

2. 띄어쓰기는 국립국어연구원의 기준을 따랐습니다. 단, 띄어쓰기가 원칙이나 붙여쓰기를 허용하
   는 몇몇 단어의 경우는 가독성을 위해 붙여쓰기를 적용하였습니다.

우리나라 유물유적에 신기한 과학이 숨어 있어요!

우리나라 유물유적에 신기한 과학이 숨어 있어요!

고인돌부터 수원 화성까지, 역사를 공부했더니 과학이 보여요!

이영란 글 | 정석호 그림

글담출판

우리 유물 유적 속에는 조상들의 과학적 지혜가 담겨 있어요

세계에는 불가사의한 유적들이 많아요. 페루 잉카의 잃어버린 도시 마추픽추나 이집트의 피라미드, 중국의 만리장성, 캄보디아의 앙코르 와트, 멕시코의 마야 유적 등은 아직도 어떻게 만들어졌는지 정확히 알려지지 않았지요.

우리나라에도 '도대체 이런 것을 어떻게 만들었지?'라고 생각할 만큼 놀랍고 고개가 갸웃거려지는 유물 유적이 많아요. 고인돌, 팔만대장경판, 수원 화성 등은 우수함과 예술성을 세계적으로 인정받아 세계 문화유산으로 등재된 것들이지요.

어떤 사람들은 이런 훌륭한 문화유산을 그저 '옛것'이라고만 여겨 '과학은 무슨, 그저 우리 조상들이 만들어 쓴 오래된 물건일 뿐이야!'라고 생각하기도 해요. 서양의 것은 대단한 과학인 양 생각하면서 우리 것은 골동품으로만 여기는 사람들도 있지요.

과연 우리 유물 유적은 조상들의 손때가 묻은 옛 물건이고, 교과서에 나오고 시험 문제 속에 등장하기 때문에 배워야 할까요? 첨단 로봇이나 전기차 같은 기계만이 과학일까요?

동양의 것은 '오래된 낡은' 것으로 여기던 서양 사람들도 우리 문화유산에 관심을 갖고, 그 우수성에 감탄을 자아내고 있어요.

과학은 예나 지금이나 존재하고 있어요. 당시 쓰던 재료들을 가지고 과학적인 지혜를 발휘하는 것이지요. 여러분도 훗날, 우리 후손들이 우리가 이룩한 과학을 보고 '오래된 옛것'으로만 여기기를 바라지 않을 거예요.

이제 『우리나라 유물유적에 신기한 과학이 숨어 있어요!』를 통해 우리 조상들이 당시 재료들을 과학적으로 어떻게 실생활에서 이용했는지 알 수 있을 거예요. 또 골동품으로만 보이는 문화재들을 자세히 들여다보면 구석구석 과학이 숨어 있음을 알게 될 거예요. 그래서 '3000년 전에도 1500년 전에도 우리 선조들은 과학적으로 살았구나!' 하는 것을 확실히 깨닫게 된다면 더 좋고 말예요. 무엇보다 남의 것을 부러워하고 감탄하기 전에 우리 것의 우수함과 소중함을 먼저 깨닫는 친구들이 되기를 바라요.

차례

과학적 지혜로 만든 무덤

고인돌

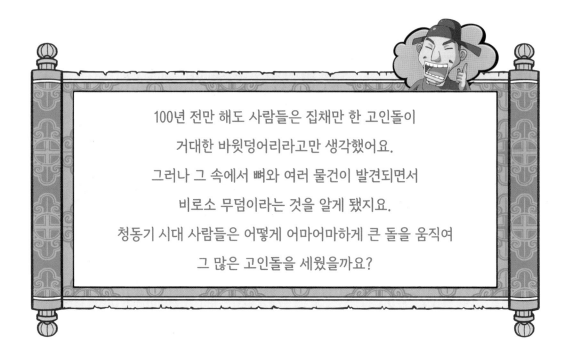

100년 전만 해도 사람들은 집채만 한 고인돌이
거대한 바윗덩어리라고만 생각했어요.
그러나 그 속에서 뼈와 여러 물건이 발견되면서
비로소 무덤이라는 것을 알게 됐지요.
청동기 시대 사람들은 어떻게 어마어마하게 큰 돌을 움직여
그 많은 고인돌을 세웠을까요?

 ## 고인돌은 돌로 만든 무덤이야

"호랑이는 죽어서 가죽을 남기고, 사람은 죽어서 이름을 남긴다."라는 말이 있지? 이 속담처럼 사람은 누구나 이 세상에 태어나 살다가 죽으면 그 흔적을 남겨. 그러나 문자를 사용하기 이전 사람들은 죽으면 이름 대신 '고인돌'을 비롯한 유물로 흔적을 남겼어.

고인돌은 덮개 부분의 큰 돌을 받침돌로 고였다고 해서 붙여진 이름이야. 지금으로부터 3000여 년 전 역사가 기록되기 이전인 선사 시대 사람들의 무덤이지.

고인돌에 대한 기록이 없었기 때문에 고인돌을 어떻게, 왜 만들었는지 몰랐어. 사람들은 마을 앞에 길을 내거나 저수지를 만드는 데 고인돌을 옮겨다 사용했어. 집 마

강화군 오상리 고인돌 유적지

당에 있는 것은 장독대로 쓰기도 하고, 담으로 활용하기도 했지. 집 안에 들여놓은 채로 집을 짓거나 부엌을 만들 때 부뚜막으로 쓰기도 했어. 돌이 워낙 크다 보니 농사에 방해가 된다고 없애고, 건물을 짓는 데 거치적거린다고 마구 부수어 땅속에 묻기도 했어.

그러던 중 고인돌 속에서 사람의 뼈와 고조선♣의 대표 유물이라 할 수 있는 비파형 동검과 민무늬 토기들이 발견됐어. 그래서 고인돌이 단순한 돌이 아니라 무덤이었으며, 고조선 때에 만들어졌다는 것을 알게 됐지.

고인돌이 모두 **고조선** 때에 만들어졌다고는 할 수 없지만, 고인돌 속에서 나온 유물은 약 3000년 전에 만든 것들이야. 그때는 우리나라 최초의 국가라 할 수 있는 고조선 시대야. 하지만 고인돌이 하늘에서 뚝 떨어진 건 아닐 테니 그 이전에도 고인돌이 존재하지 않았을까?

고임돌　덮개돌

북방식 고인돌(탁자식 고인돌)

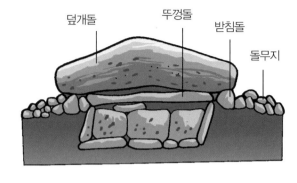

덮개돌　뚜껑돌　받침돌　돌무지

남방식 고인돌(바둑판식 고인돌)

　　우리나라의 고인돌은 남북한에 있는 것을 다 합치면 어림잡아 4만여 기나 돼. 강화도와 전남 화순, 전북 고창(매산 마을에만 442기) 등지를 중심으로 남한에는 2만 4,000여 기가 있어. 북한의 평양 주변에는 무려 1만 4,000여 기가 남아 있다고 해. 전 세계에 고인돌이 약 8만 기가 있는데, 우리나라에 전 세계 고인돌♣의 절반 정도가 있는 셈이지.

　　고인돌의 모양은 지역에 따라 조금씩 달라. 북방식 고인돌은 평안도와 황해도 등 북한 지역에서 많이 볼 수 있는데, 우리나라 전라북도 고창 지역에서 발견되기도 해. 남방식 고인돌은 전라도와 경상도 지방에서 주로 볼 수 있어.

　　북방식 고인돌은 시신을 땅속에 묻지 않고 땅 위에 두는 것이 특징이야. 고임돌을 세운 후 그 위에 덮개돌을 올린 모양이 탁자와 비슷하게 생겨서 '탁자식 고인돌'이

전라남도 화순 지역, 전라북도 고창 지역, 인천광역시 강화 지역의 고인돌 유적은 '대부분 원래의 형태를 잘 유지하고 있고 보존 상태가 매우 뛰어나' 2000년 12월에 세계 문화유산으로 등록됐어.

라고도 해. 남방식 고인돌은 먼저 땅을 파고 돌로 방을 만든 후 시신을 묻어. 그 위에 뚜껑돌을 올리고 나서 여러 개의 받침돌을 놓고는 주위에 돌을 쌓아 돌무지를 이룬 후 다시 덮개돌을 올려. 곁에서 보면 바둑판 모양과 비슷해서 '바둑판식 고인돌'이라고도 해.

고인돌은 과연 누구의 무덤일까?

남한에서 가장 큰 고인돌은 고창 운곡리에 있는 것으로 높이가 약 4미터, 무게는 약 300톤이나 돼. 북한에 있는 것들 중에는 덮개돌의 길이가 무려 10미터나 되는 것도 있어.

고인돌은 흔히 족장의 무덤으로 알려져 왔어. 역사학자들은 누군가 죽을 때마다 마을 사람을 모두 동원해서 무거운 돌을 자르고 나르고 쌓아 어마어마한 크기의 고인돌을 만들기는 쉽지 않았을 거라고 해. 그러니 마을 사람을 전부 움직이게 할 만큼 대단한 권력을 가진 사람의 무덤일 거라고 생각한 거야.

그런데 대구 지역의 고인돌에서는 스무 살 남짓한 여자와 어린아이의 유골이 발견됐어. 이로써 고인돌은 남녀노소, 신분의 높고 낮음에 관계없이 누구나 묻힐 수 있다는 것이 밝혀졌어.

고인돌에 새겨진 별자리
진주시 남강댐 근처에서 발굴한 남방식 고인돌이다. 돌에 난 구멍
은 별자리를 표시한 것이다.

고인돌에 별자리를 새긴 이유는 뭘까?

북한에서 발견된 일부 고인돌에는 사람의 손으로 파낸 작은 구멍들이 80여 개쯤 있어. 발견 당시에는 먹을 것이 풍성하고 자손이 많이 태어나기를 바라는 뜻으로 파냈을 거라고 생각했지.

실제로 이것은 별자리를 표시한 거야. 큰곰자리, 작은곰자리, 용자리, 카시오페이아자리 등이 새겨져 있어.

우리나라에는 6~7개의 바위들이 북두칠성 모양으로 놓인 '칠성 바우'가 있는 마을이 많아. 칠성 바우를 살펴보면 고인돌인 경우가 대부분이야. 당시 사람들은 왜 고인돌을 별자리 모양대로 놓거나 고인돌에 별자리를 표시했을까? 많은 학자에 따르면, 당시에는 사람이 죽으면 하늘의 별로 다시 태어나기를 바랐고, 정말로 그럴 수 있다고 믿었기 때문이래.

여기서 우리는 당시 사람들의 죽음과 탄생에 대한 생각을 알 수 있어. 고조선 사람들은 별자리에 대한 지식이 매우 해박했다는 것도 알 수 있지. 아울러 고인돌의 별자리 그림은 중국과는 다른 우리만의 고유한 천문학이 일찌감치 발달했다는 증거이기도 해.

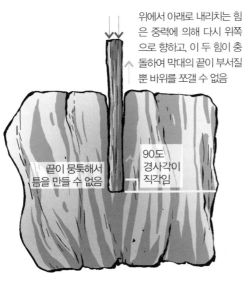

고인돌로 배우는 식물과 암석의 특징

현대와 같은 특별한 장비가 없어도 선사 시대 사람들은 커다란 돌을 바위에서 잘라 내기도 하고, 어마어마하게 무거운 돌을 멀리까지 잘도 옮겼어. 과연 어떤 방법으로 불가능해 보이는 일을 해낸 걸까? 우리의 눈에는 원시적으로 살았을 것 같은 그들이 자연에서 얻은 지혜와 오늘날까지도 여전히 이롭게 쓰이는 과학적 원리를 이용해 그 일을 해냈다면 믿어져?

식물의 줄기와 물

선사 시대 사람들은 커다란 돌덩이를 떼어 낼 때 바위에 구멍을 뚫은 후 마른 나무

위에서 아래로 내리치는 힘은 중력에 의해 다시 위쪽으로 향하고, 이 두 힘이 충돌하여 막대의 끝이 부서질 뿐 바위를 쪼갤 수 없음

끝이 뭉툭해서 틈을 만들 수 없음

90도 경사각이 직각임

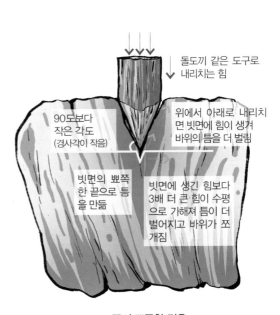

돌도끼 같은 도구로 내리치는 힘

위에서 아래로 내리치면 빗면에 힘이 생겨 바위의 틈을 더 벌림

90도보다 작은 각도 (경사각이 작음)

빗면의 뾰쪽한 끝으로 틈을 만듦

빗면에 생긴 힘보다 3배 더 큰 힘이 수평으로 가해져 틈이 더 벌어지고 바위가 쪼개짐

끝이 뭉툭한 경우　　　　　　　　　끝이 뾰족한 경우

고인돌 바위 쪼개기

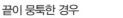

를 박고 물을 뿌렸어. 그러면 물을 빨아들인 나무가 퉁퉁 불어나 돌에 틈을 만들어 내지. 그 틈에 힘을 가해 돌을 잘라 냈어.

나무는 물과 같은 습기에 닿으면 본래의 상태보다 늘어나는 성질이 있어. 물기가 마르면 원래대로 돌아오고 말이야. 이렇듯 식물은 열과 습기에 따라 부풀기도 하고 줄어들기도 해.

식물의 줄기에는 뿌리에서 빨아들인 물과 양분이 이동하는 길이 있어. 뿌리가 없는 나무토막이라 해도 그 길은 사라지지 않아.

마른 나무에 수분이 닿으면 그 길이 탱탱하게 늘어나. 이러한 성질을 이용해 마른 나무를 쐐기 삼아 돌을 쪼갠 거야.

쐐기는 물건의 틈에 박아 쪼개거나 밀어 올리거나 또는 죄는 데 사용하는 기구야. 끝부분이 빗면 모양이지. 빗면은 힘을 적게 들이면서도 큰 힘을 얻을 수 있어. 쪼개려고 하는 물체에 쐐기 빗면의 뾰족한 끝을 박으면 틈이 생겨. 쐐기의 뭉툭한 부분을 세게 내리치면 빗면에 힘이 생기고, 수평으로 3배나 더 큰 힘이 더해져서 틈을 더 벌리기 때문에 단단한 돌도 쉽게 쪼갤 수 있어.

무거운 돌을 옮기고 들어 올리는 힘

지렛대와 밧줄을 이용해 고임돌은 옮기고 나서 그 위에 덮개돌을 올릴 때에도 빗면의 원리를 이용했어. 사람의 키보다 높은 고임돌 위에 수백 명이 끌어야 하는 무거운 덮개돌을 번쩍 들어 올린다는 건 상식적으로 불가능한 일이야.

키 큰 사람들이 돌을 번쩍 들어올리면 되지 않느냐고? 3,000명이나 되는 어른들이 간신히 끌어온 것을 들 수 있을 만큼 힘이 세고 키가 큰 사람이 과연 있을까?

1. 고임돌 주변에 흙을 메워 낮은 언덕을 만든다.

2. 언덕의 기울어진 빗면을 이용해 덮개돌을 끌어올린다.

고인돌의 덮개돌을 올리는 과정

또 끄는 힘과 들어 올리는 힘은 달라. 지구에서 잡아당기는 힘인 중력과 반대 방향으로 돌을 들어야 하기 때문에 크고 튼튼한 기계가 없으면 불가능해.

빗면을 사용한 예로 나선형으로 난 산길을 들 수 있어. 산에 올라가 본 친구들은 알 수 있을 거야. 경사가 가파른 산길을 가려면 힘이 무척 들어. 반면 산길을 나사처럼 둥글게 돌아가게 만들면 경사가 완만해져서 거리가 길어지기는 해도 힘은 덜 들어.

우리 조상들은 이런 원리를 이용해 고임돌 주변에 흙을 메워 낮은 언덕을 만들었어. 그리고 언덕의 경사를 이용해 덮개돌을 끌어올리고, 주변의 흙을 제거한 후 고인돌을 완성했어.

암석과 절리

고인돌의 돌은 주변의 아무 돌이나 사용한 게 아니야. 바위 같은 커다란 돌을 쪼개서 사용했지.

고창 죽림 고인돌
바위 결에 길게 금이 가 있는 것을 볼 수 있다. 쐐기로 이 결을 쪼개어 커다란 바위도 잘라 낼 수 있었다.

암석은 지구 표면을 구성하는 단단한 물질로, 흔히 바위나 돌이라고 해. 암석은 크게 화성암, 퇴적암, 변성암으로 나뉘어.

화산 활동의 결과로 마그마나 용암이 굳어져서 만들어진 것을 화성암, 암석의 조각이나 식물 또는 동물들이 죽어 쌓인 후 굳어진 것을 퇴적암, 화성암이나 퇴적암이 열 또는 압력을 받아 성질이 변한 것을 변성암이라고 해.

이들 암석 가운데 화성암과 퇴적암에는 결이 있어. 무늬처럼 길게 갈라진 틈으로 금이 가 있는 이 결을 '절리'라고 해. 이 절리에 집중적으로 충격을 주면 쉽게 쪼갤 수 있어. 고인돌은 이처럼 쐐기 같은 도구를 이용해 쪼갤 수 있는 돌로 만들어졌어.

2

열에너지가 오고 가는

온돌

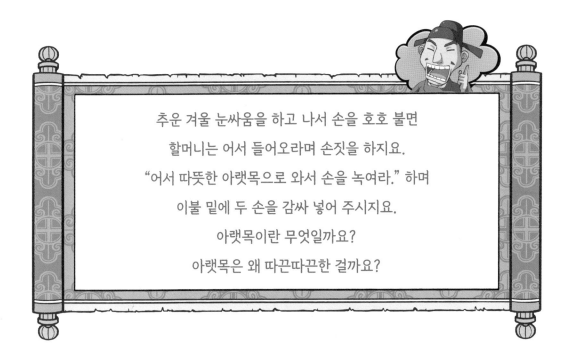

추운 겨울 눈싸움을 하고 나서 손을 호호 불면
할머니는 어서 들어오라며 손짓을 하지요.
"어서 따뜻한 아랫목으로 와서 손을 녹여라." 하며
이불 밑에 두 손을 감싸 넣어 주시지요.
아랫목이란 무엇일까요?
아랫목은 왜 따끈따끈한 걸까요?

 ## 온돌은 우리 고유의 난방법이야

겨울이 되면 날씨가 너무 추워서 나도 모르게 손을 호호 불게 되지. 밖에서 오들오들 떨다가 집에 들어오면 저절로 방바닥에 손을 대게 돼. 엄청 따뜻하지. 방바닥 아래에 무엇이 있기에 이렇게 따뜻한 걸까?

방바닥 밑에는 뜨거운 물이 지나다니면서 방바닥을 골고루 데워 줘. 여기에는 온돌의 원리가 숨어 있어. 말 그대로 돌을 따뜻하게 데워 집 안을 아늑하고 훈훈하게 해주는 거야.

지금은 흔하지 않지만 아직도 시골 부엌에는 커다란 가마솥이 있어. 그 아래에는 불을 때는 구멍이 있지. 그곳을 '아궁이'라고 해. 아주 오랜 옛날부터 아궁이에 나무로 불을 지펴 가마솥에 밥을 하거나 국을 끓였어. 아궁이에는 음식을 만들기 위해 불을 때는 것 말고도 또 다른 기능이 숨어 있어. 그게 바로 온돌이야. 바깥 날씨가 서늘해지는 계절이 되면 집 안을 따뜻하게 데우곤 하지.

아궁이에 불을 때면 아궁이 안쪽에 길게 나 있는 구멍으로 열기가 지나가거든. 이 구멍은 방바닥 아래로 연결돼. 뜨거운 열기가 이 구멍을 지나가면서 방바닥과 방 안의 공기를 데우는 거야.

가마솥과 아궁이

다시 말해, '온돌'은 아궁이에서 지핀 불의 열기가 방바닥 밑에 넓고 편평하게 깔아 놓은 돌로 옮겨 가서 방바닥 전체를 오랫동안 따뜻하게 하는 장치야.

온돌은 지금까지도 사용되는 매우 효과적인 우리나라 고유의 난방법이야.

 ## 온돌은 시대마다 모습이 달랐어

우리 조상들은 돌로 도구를 만들어 쓰던 신석기 시대부터 아궁이처럼 만든 화덕으로 집을 따뜻하게 하여 겨울을 지냈어. 겨울이 유난히 길고 겨울바람이 매서운 중국 북부와 만주 지역에서 살던 선조들이 온돌을 처음 사용했지.

온돌을 정확하게 언제부터 사용했는지는 확실치 않아. 다만 고구려에서 시작됐다는 설과 북옥저와 고조선 때부터 시작됐다고 하는 설들이 있을 뿐이야. 대부분 고구려에서 시작됐다고들 해.

『구당서』♣라는 책에 "그 풍속에 가난한 사람이 많은데, 겨울에 긴 구덩이를 만들고 그 아래에 불을 때서 따뜻하게 한다."라고 쓰여 있어. 온돌이 어디에서 시작됐든 간에 그 역사가 오래됐다는 사실만큼은 분명해.

고구려에서는 지금의 온돌처럼 방 안 전체를 따뜻하게 하지 않았어. 고구려 시대의 무덤인 쌍영총 벽에 그려진 그림을 보면 묘지의 주인인 부부가 평상 같은 곳에 앉아 있어. 그 옆에는 시녀가 무릎을 꿇은 채 있고 시녀 아래쪽에는 불이 활활 타오르고 있지. 즉, 방바닥 전체를 따뜻하게 하는 게 아니라 주인 부부가 있는 곳에만 불을 피워 따뜻하게 한다는 걸 알 수 있어. 이것을 방 일부만 데우는 '쪽구들'이라고 해.

방 전체에 구들을 놓은 온돌이 전국적으로 사용된 것은 조선 시대 임진왜란이 끝난 후부터야. 임진왜란 전까지만 해도 온돌을 설치하려면 기술이 뛰어나야 했고, 땔감으로 나무를 많이 사용해야 했어. 그래서 돈이 많은 부자나 신분이 귀한 사람들만이 이용할 수 있었지. 벼슬이 높은 사람들의 집에도 온돌이 한두 칸밖에 없었어. 그마저도 노인과 병든 사람들을 위한 것이었대.

유물이나 유적들은 시간이 지나고 나라가 바뀌면서 온전하게 남은 경우가 많지 않아. 그래서 대부분 『구당서』와 같은 옛 책들을 통해 가늠하게 돼. 과학이 발달한 오늘날처럼 동영상 자료나 누구나 한번쯤은 꿈꾸었을 타임머신이라도 있다면 정확하게 알 수 있을 텐데. 아쉽게도 책이나 그림 같은 자료를 통해 추측해 볼 수밖에 없어. 그나마 이런 자료도 흔치 않아서 역사를 이해하는 데 어려움이 많아.

**오녀 산성에 남아 있는
고구려 온돌 유적지**

오녀 산성은 고구려의 첫 도읍
지인 졸본성으로 추정되는 곳으
로, 쪽구들을 설치했던 주거지
가 여럿 발견됐다.

온돌은 어떻게 생겼을까?

온돌은 불을 때는 아궁이와 온기를 전달하는 고래, 연기를 뿜어내는 굴뚝으로 되어 있어.

아궁이는 불만 때는 함실아궁이와 솥을 걸어 음식을 만들 수 있는 부뚜막이 함께 있는 아궁이가 있어. 부뚜막이 함께 있는 아궁이는 방을 따뜻하게 하는 동시에 솥에 물을 끓이거나 밥을 지을 수 있지.

방바닥 밑에는 넓적한 구들장이 있어. 그 아래쪽에는 고래라고 불리는 긴 길이 나 있지. 고래로 불길이 지나가면서 방바닥을 따뜻하게 데우는 거야. 고래와 연결된 아궁이 바로 뒤쪽에는 부넘기가 있어. 불길이 고래로 잘 넘어가고 아궁이로 다시 되돌아오는 것을 막아 주는 역할을 해.

온돌은 고래를 따라 열이 이동하면서 바닥에 열을 저장하는데, 이것이 서서히 실내까지 전달되어 따뜻해지는 거야. 방바닥을 데우고 남은 열기와 아궁이에서 피어오른 연기는 어디로 사라질까? 굴뚝으로 모락모락 빠져나가.

 ## 온돌로 배우는 전도, 복사, 대류

온돌로 방을 따뜻하게 하는 과정에는 과학의 원리가 숨어 있어. 우리가 불을 피우면 열에너지가 생겨서 따뜻함을 느낄 수 있어. 열에너지는 전도, 복사, 대류의 방법으로 이동을 해.

전도

전도란 금속 같은 고체에서 열에너지가 이동하는 것을 말해. 불에 고기를 구울 때

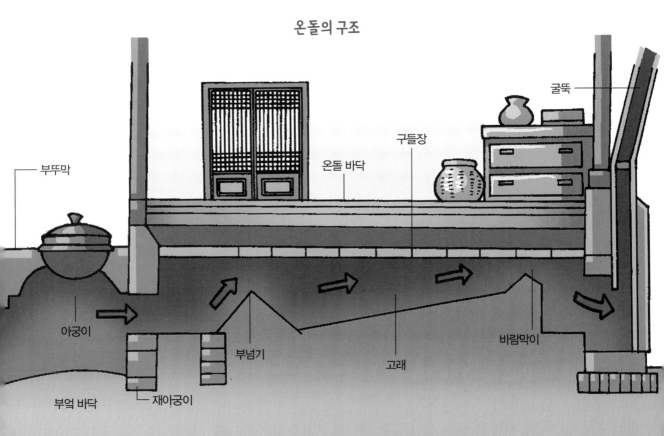

온돌의 구조

손잡이가 없는 도구를 사용하다가 '앗 뜨거' 하며 도구를 놓치는 경험을 해보았다면 알 거야. 이는 쇠막대기 한쪽 끝을 불에 대고 달구면 불이 직접 닿지 않은 부분까지도 뜨거워지는 열의 '전도' 때문이야.

열에너지는 가장 뜨거운 곳에서 차가운 곳으로 이동하는 특성이 있어. 온돌에서는 아궁이에 피운 불이 부뚜막과 구들장, 즉 돌이라는 고체를 통해 열에너지♣가 이동되어 따뜻해지지.

복사

열에너지가 가시광선이나 적외선과 같은 전자기파♣를 통해 직접 전달되는 것을 말해. 햇볕이 따가운 여름날 밖에 나가면 머리가 뜨끈뜨끈해지잖아. 이처럼 중간에 열에너지를 전달해 주는 물질이 없어도 열에너지가 전달되는 것을 '복사'라고 해.

또 태양의 열이 지구까지 전달되는 것을 생각해 보면 잘 알 수 있어. 태양과 지구 사이에는 열에너지를 전달해 줄 물질이라고는 아무것도 없지. 진공 상태거든. 이 밖에도 아궁이에 화로를 걸어 두면 주변이 따뜻해지는 것도 복사 때문이야.

대류

기체나 액체에서 열에너지가 이동하는 것을 말해. 기체나 액체는 외부에서 열에너지를 공급받으면 분자들이 활발하게 운동하면서 분자 사이의 거리가 멀어져. 우리는 이것을 보고 부피가 커졌다고 하지. 이를테면 크기가 똑같은 공간에 같은 개수의 분자가 있어도 열을 받으면 분자의 거리가 멀어져서 부피가 커지는 거야. 빵 반죽을 오븐에 넣으면 어느새 부풀어서 커지는 것처럼 말이야.

에너지란 일을 하는 능력을 통틀어 이르는 말이야. 열에너지로는 무슨 일을 할 수 있을까? 공기를 데워 방을 따뜻하게 하고, 보글보글 물을 끓일 수 있지. 또 고기나 채소 같은 요리 재료들을 익힐 수 있어.

전자기파란 우리의 주위에 흐르고 있는 눈에 보이지 않는 파동을 말해. 흔히 전파라고 하지. 전파는 흔들림의 형태로 이동해. 아래 그림을 보면 물결처럼 위아래로 움직이는 게 보일 거야. 이것이 파동이야. 전자기파는 이러한 움직임의 횟수(진동수)에 따라 적외선, 가시광선, 자외선, X선, 감마선 등으로 구분돼. 이 가운데 가시광선은 인간이 유일하게 눈으로 볼 수 있는 전파야. 흔히 빨주노초파남보의 7가지 색으로 보이지. 적외선은 가시광선의 빨간색 바깥쪽에 있는 전파로 눈에는 보이지 않아(한자로 붉을 적, 바깥 외 자를 써서 적외선이라고 하는 거야.). 어두운 밤에도 사람이나 사물을 알아 볼 수 있는 열상 장치 등에 쓰이지. 이 밖에 초단파는 전자레인지에서 음식을 데우는 데 쓰이고, X선은 몸속 사진을 찍을 때, 라디오 전파는 라디오나 텔레비전 등의 송수신에 사용되고 있단다.

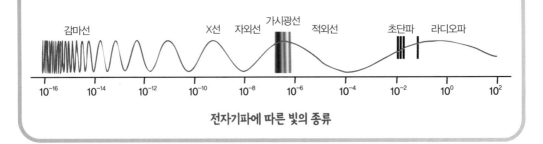

전자기파에 따른 빛의 종류

특히 기체나 액체는 부피가 커지면 가벼워져서 위로 올라가. 반대로 차가워지면 무거워져서 아래로 내려가지. 이러한 현상을 '대류'라고 해.

온돌에서는 아궁이에서 가까운 아랫목이 먼 윗목보다 많이 뜨겁겠지? 여기에서 대류는 어떻게 이루어질까? 아랫목의 따뜻한 공기는 위로 올라가서 윗목 쪽으로 가고, 윗목의 차가운 공기는 아래로 내려가서 아랫목 쪽으로 이동해. 이렇게 해서 방 안 공기가 골고루 따뜻해지는 거란다.

온돌은 전도, 복사, 대류 작용이 각기 따로 이루어지는 게 아니야. 이 3가지 현상이 한꺼번에 작용해서 방바닥도 공기도 모두 따뜻해지는 거야.

시대가 변하고 과학이 발전하면서 온돌의 형태도 변했어. 아궁이가 사라진 요즘에는 연탄, 석유, 가스를 태워 열을 내고, 방바닥에는 구들 대신 파이프를 깔아서 온수가 흐르게 하는 방법을 써. 온돌의 원리를 이용한 생활용품으로는 온돌 침대, 전기장판, 전기 온수 매트 등이 있어.

온돌 속에서 이루어지는 열에너지의 전도, 복사, 대류

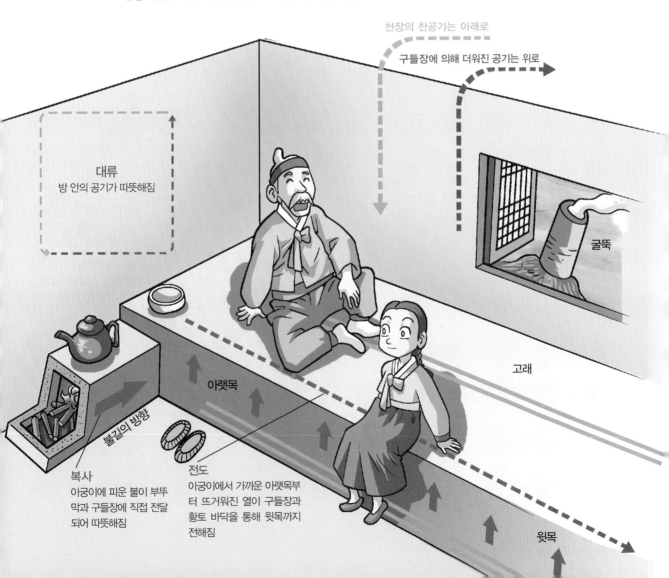

3

기술과 정성이 더해진

가야의 철 갑옷

관련
교과

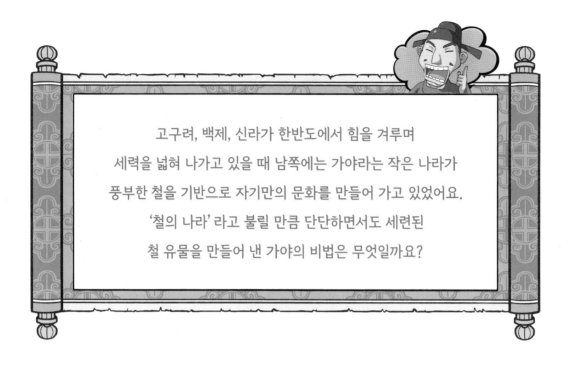

고구려, 백제, 신라가 한반도에서 힘을 겨루며
세력을 넓혀 나가고 있을 때 남쪽에는 가야라는 작은 나라가
풍부한 철을 기반으로 자기만의 문화를 만들어 가고 있었어요.
'철의 나라'라고 불릴 만큼 단단하면서도 세련된
철 유물을 만들어 낸 가야의 비법은 무엇일까요?

가야 무덤에는 왜 철 갑옷이 들어 있을까?

1980년에 가야의 무덤이 처음 발견됐을 때 고구려, 백제, 신라와는 다른 특별한
유물이 세상에 모습을 드러냈어. 붉게 녹슨 갑옷 한 벌이 고스란히 놓여 있었지.

이미 사람들은 고구려 벽화를 통해 고구려인들이 무엇을 먹고, 어떤 옷을 입었는
지, 죽음과 탄생에 대해서는 어떤 생각을 가지고 있었는지 알고 있었어. 또 정교하면
서도 화려한 금 장식품이 많이 쏟아져 나왔기 때문에 백제와 신라가 당시에 얼마나
아름다운 문화를 누렸는지도 알고 있었지.

그런데 가야 유물에서는 철 갑옷이 나왔으니 '가야는 전쟁을 좋아했던 나라가 아
닐까' 하고 의문을 갖기도 했어. 그건 쓸데없는 걱정이었어. 만일 그랬다면 우리는

고령 지산동 고분군 발굴 모습

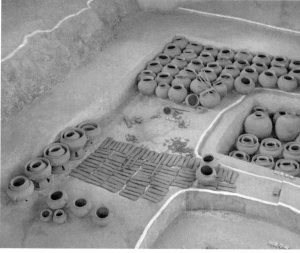

김해 대성동 고분군 발굴 모습 재현

가야의 유적지

가야의 유물들이 발굴된 곳들로 철을 생산했다는 것을 보여 주는 철광석 원석과 함께 철을 녹일 때 쓰였던 숯이 나왔다.

고구려·백제·신라의 삼국 시대를 배우는 게 아니라 가야까지 포함하여 사국 시대를 배워야 했을 거야.

가야 지역에서는 철이 많이 생산됐어. 철 갑옷을 비롯해 철을 만들 때 사용하는 망치, 집게, 모루, 끌, 숫돌 그리고 순수한 철을 뽑아내기 전 상태인 돌멩이와 철가루가 같이 발견된 것만 봐도 알 수 있지.

또 가야의 갑옷은 갑옷을 이루는 철판의 두께가 매우 얇고, 사람의 몸에 잘 맞게 만들어졌어. 가야는 철의 나라답게 어느 나라보다도 철을 자유자재로 다룰 수 있는 기술이 있었던 거야.

가야는 철의 왕국이었어

사람들은 삼국 시대 하면 고구려, 백제, 신라만 떠올리지. 이들 나라 말고도 작지만 위대한 문화를 이룩한 가야라는 나라가 있었단다. 우리나라에서 가장 오래된 역사책인 『삼국사기』에는 가야에 대한 기록이 없어. 하지만 무덤 속에서 발견된 여러 유물이 그 실체를 말해 주고 있지.

가야는 낙동강 유역의 평야 지대에 있는 작은 나라 여럿이 모여 이룬 국가였어. 신라와 백제의 압력 속에서 세력을 크게 키우지는 못했지만 바다를 통해 중국, 일본과 활발한 교류를 했어.

가야의 무덤에서는 철로 만든 갑옷과 투구 등이 많이 출토됐어. 그 이유는 가야 지역에서 철이 많이 생산됐기 때문이야. 당시에는 낙동강가의 모래에 섞여 있는 철을 모으거나 철광석을 찾아내 순수한 철을 얻었을 것으로 짐작돼. 가야가 위치했던 그 일대의 철광석은 철 함량이 75퍼센트가 넘을 만큼 질이 매우 우수했어. 가야의 철을 얻기 위해 교역을 원하는 나라가 많았지.

그렇다면 가야 사람들 대부분은 대장장이였을까? 거리에는 대장간만 즐비했을까?

가야도 고구려와 마찬가지로 온돌을 만들어 추운 겨울을 보냈고, 신라와 백제처럼 금으로 장식품을 만들곤 했어. 우리나라 고유 악기인 가야금을 만들어 심금을 울리는 음악을 연주하기도 했지. 그

투구

러니 그런 엉뚱한 상상은 안 해도 돼.

철 다루는 기술이 뛰어난 사람들

박물관에 전시되어 있는 가야의 갑옷은 잔뜩 녹이 슬어서 두꺼워 보여. 하지만 가야의 갑옷을 똑같이 만들어 보면 철판의 두께가 1밀리미터밖에 되지 않을 만큼 얇아. 공책으로 사용하는 종이를 6~7장 정도 겹쳐 놓은 두께야. 또 입고 벗기 편하도록 앞쪽 판을 열고 닫을 수 있게 되어 있어.

철로 만들었기 때문에 엄청 무거울 것 같지만 실제로는 그다지 무겁지 않아. 무엇보다 몸에 맞게 만들어진 데다 철판마다 매끄럽게 연결해 자유자재로 움직일 수 있어.

특히 어깨나 등처럼 곡선으로 된 신체 부위에 맞게 만들려면, 철판 조각을 연결한 다음 불에 달궈 가며 모양을 잡아야 해. 오늘날 철을 잘 다루는 전문가들조차도 가야의 것처럼 철 갑옷을 만들라고 하면 고개를 절레절레 흔들 정도로 매우 정교하지.

가야 지역에서 출토된 갑옷은 미늘 갑옷, 판 갑옷, 목 가리개, 팔뚝 가리개, 어깨 갑옷, 허리 갑옷, 다리 갑옷, 말 투구, 말 갑옷 등 다양해.

판 갑옷의 옆면
몸의 모양대로 만들어졌으며 그 두께가 매우 얇다는 것을 확인할 수 있다.

판 갑옷

미늘 갑옷

팔뚝 가리개

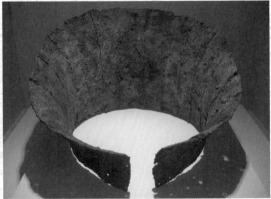

목 가리개

갑옷은 만드는 방법에 따라 판 갑옷과 미늘 갑옷으로 나뉘어져. 판 갑옷은 네모 모양 또는 세모 모양의 넓은 철판을 쇠못이나 가죽 끈으로 연결해 만든 거야. 미늘 갑옷은 비늘 모양의 작은 철판 조각을 하나하나 끈으로 연결해 만든 거야.

특히 판 갑옷은 몸에 잘 맞게 만들어야 하기 때문에 철저하게 계산해서 작업해야 해. 게다가 금속을 두들기거나 힘을 가해 모양을 잡고 단단하게 만드는 기술이 무척 뛰어나야 하지. 어때, 가야가 철을 다루는 데 얼마나 솜씨가 좋았는지 알 수 있지?

철 갑옷으로 배우는 철의 특성

가야의 모든 철 갑옷은 불에 달군 쇳덩이를 반복해서 두드리는 과정을 거쳤어. 이를 '단조'라고 해. 단조를 거친 20여 개의 철판을 하나하나 끌과 망치로 잘라 원하는 모양을 만든 후 못으로 연결해서 갑옷을 완성했어.

철

철은 모든 물질을 구성하는 원소 가운데 하나로 원소 번호는 26번이야. 화학 기호로는 Fe라고 쓰지. 철은 지구의 표면인 지각에 5퍼센트 함유되어 있어. 주로 지구의 중심인 핵을 이루고 있는 철은 금속 중에서 알루미늄 다음으로 두 번째로 많아.

금속인 철은 우리 몸속에도 들어 있어. 이 중 55퍼센트는 폐에서 신체 각 부위로 산소를 운반하는 혈액 속에 헤모글로빈 형태로 있어. 피가 붉은색인 것도 이 때문이지. 철이 산소와 만나면 붉게 녹이 스는 것처럼 핏속에는 산소도 있고 철도 있기 때문에 붉은색을 띠는 거야.

열에 따른 금속의 부피 변화

지금은 그 모습을 찾아보기 어렵지만, 옛날에는 시골 장터나 마을마다 대장간이 있었어. 이곳에서는 풀무나 망치 같은 연장을 갖춰 놓고 불에 쇠를 달구어 여러 가지 도구를 만들었지.

아무리 단단한 철이라 해도 열이 섭씨 1,000~1,300도에 이르면 금속 성질을 잃고 녹기 시작해. 섭씨 1,500도가 넘으면 액체로 변하지. 그래서 철을 불에 달구면 길게 늘이거나 구부릴 수 있어. 그 이유는 금속에 열을 가하면 부피가 늘어나기 때문이야.

'부피'란 물체가 공간에서 차지하는 크기를 말해. 금속에 열을 가하면 단단하게 연결되어 있던 금속을 이루는 분자들이 활발하게 운동하면서 서로 멀어지지. 반대로 열을 빼앗기면 분자들이 결합해서 단단해져.

예를 들어, 땀이 뻘뻘 나는 한여름에 초콜릿을 손에 쥐고 있으면 어느새 녹아서 흐물거리잖아? 이는 서로 단단히 붙어 있던 초콜릿 입자들이 열을 받아 제 마음대로 움직이기 때문이야. 반대로 냉동실에 초콜릿을 넣어 두면 초콜릿 입자들의 움직임이 둔해져서 단단하게 굳는 거지.

대장간

다시 말해, 열에 의해 금속의 부피가 늘어난다는 것은 입자 간의 거리가 멀어져서 부드러워지는 것을 뜻해. 이러한 원리를 이용해 철을 불에 달궈 부드럽게 만든 후 망치로 두드려 원하는 모양을 만들어. 그리고 모양을 고정하고 철을 더

녹이 슨 철 투구

강하게 만들기 위해 물에 넣어 식히지. 이러한 과정을 '담금질'이라고 해.

메질과 강철

철은 단단하지만 쉽게 깨지는 특성이 있어. 우리 조상들은 철을 무기나 생활 도구로 만들기 위해 불을 이용해서 순수한 철을 걸러 냈어. 망치로 두들기고 물에 넣어 식히는 과정을 통해 철을 더욱 단단하게 만들었지.

대장간에서는 불구덩이에 철을 넣었다가 빼서 여러 차례 두드리는 작업을 계속 반복해. 이를 '메질'이라고 하는데, 한마디로 망치질을 하는 거야.

철로 된 물건은 잘 보관하지 않으면 금방 녹이 슬어. 철이 공기 중의 산소와 만나면 원래의 성질을 잃고 붉게 변하면서 약해지기 때문이야. 철의 이러한 성질 때문에 대장간에서는 철 속에 든 이물질과 공기를 없애기 위해 힘껏 메질을 하는 거야.

또 철을 불 속에 넣어 부드럽게 했다가 메질을 하는 과정에서 공기 중에 있는 탄소 원자가 철 원자 사이에 빽빽하게 들어가게 돼. 나무로 불을 때면 나무가 타면서 탄소가 만들어지는데, 탄소는 어떠한 물질과 결합하면 그 물질을 더 단단하게 만드는 특징이 있어.

이 세상에서 가장 단단한 물질이 무엇인지 아니? 바로 다이아몬드야. 다이아몬드는 오로지 탄소로만 이루어져 있어. 탄소와 탄소끼리 만나 서로를 단단하게 하므로 그 어떤 것보다도 강하고 튼튼하지.

우리 조상들은 이러한 과학적 지식과 원리를 이용해 얇고 가벼우면서도 단단한 철 갑옷뿐만 아니라 튼튼한 무기와 농기구를 만들어 사용해 왔단다.

고도의 천문 지식이 깃든

첨성대

못 보던 탑이군.
높기도 하다.

탑? 탑치곤 좀
밋밋한데?

호, 혹시!

혹시 뭐?

죄 지은 이들을
모두 가둬라.

여기서
반성 좀 하시오!

우리 여왕님이 그리
모진 사람일
리가 없네.

허긴,
그러기엔
좀 좁군.

ㅋㅋㅋㅋ

내 생각에는 말이지.
이건……

너무 앞서 나가는구먼.
그건 한 2000년
후쯤?

그, 그런가?

하늘의 뜻을 알아 곧 이롭게
쓸 줄 알게 될 테지.

하늘의 기운이
심상치 않아.
홍수의 조짐이……

농사를 망치지
않도록 미리
알려야겠군.

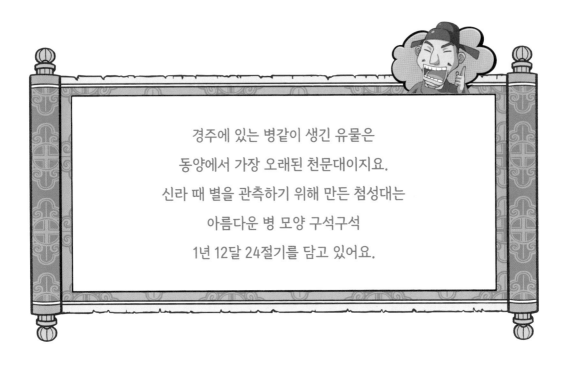

경주에 있는 병같이 생긴 유물은
동양에서 가장 오래된 천문대이지요.
신라 때 별을 관측하기 위해 만든 첨성대는
아름다운 병 모양 구석구석
1년 12달 24절기를 담고 있어요.

첨성대는 왜 만들었을까?

신라 첨성대는 세계에서 가장 오래된 천문대로, 우아한 아름다움과 천문 지식이 조화를 이룬 돌로 된 건축물이야. 가장 아래 기단 부분을 사각형으로 쌓고 몸통을 원형으로 쌓아 올려 '하늘은 둥글고 땅은 모나다.'라는 당시의 생각을 담고 있지.

국보 제31호인 첨성대는 『삼국유사』에 따르면, 신라 선덕 여왕 16년(647년)에 백제 사람인 아비지가 세웠다고 해. 또 세계의 어떤 건물과도 닮지 않은 독특한 형태로 신라만의 고유한 곡선미를 가지고 있어.

선덕 여왕은 신라 제27대 왕이자, 우리나라 최초의 여왕이야. 선덕 여왕은 왕위에 오르자마자 한동안 마음고생을 했어. 어질고 지혜로운데도 여자가 나라를 다스린다는 이유로 사람들의 눈총을 받았지.

고구려와 백제는 신라를 얕잡아 보며 자꾸 쳐들어왔어. 선덕 여왕은 여자도 나라를 잘 다스릴 수 있음을 증명해 보이고 싶었어. 신라가 강한 나라임을 널리 알려 적이 함부로 쳐들어오지 못하게 하고 싶었던 거야. 그러려면 백성들이 먹고사는 데 아무 걱정이 없어야 한다고 생각했어.

당시에는 백성들이 잘 먹고살려면 해마다 풍년이 들어야 했어. 이를 위해서는 논밭을 갈아 씨를 뿌려야 할 때와 곡식을 거두어들일 때를 잘 알아야 했지. 또한 농작물을 수확하기도 전에 홍수나 가뭄이 닥치면 흉년이 들기 때문에 미리 대비할 수 있어야 했어.

요즘에는 슈퍼컴퓨터로 날씨를 예측할 수 있고 날마다 일기예보를 해주어 태풍이나 폭우, 가뭄이 곧 온다고 하면 미리 대비를 할 수 있어. 하지만 당시에는 특별한 장치 같은 게 없었기 때문에 해와 달, 별자리의 움직임을 잘 살펴야 했어. 그래서 선덕 여왕은 서라벌의 왕궁이 있던 반월성 앞 들판에 약 10미터 높이의 돌로 만든 첨성대를 세울 것을 명령했어.

첨성대

첨성대에서 정말로 별을 봤을까?

첨성대에는 안으로 들어가거나 꼭대기에 올라가는 입구가 따로 없어. 흔히 밖에서 사다리를 놓고 병같이 생긴 몸통 중간에 난 구멍을 통해 안으로 들어간 뒤, 그곳에서부터 다시 사다리를 타고 오르거나 안쪽에 튀어나온 돌을 밟고 꼭대기에 있는 정자석까지 올라갔을 거라고 짐작해. 그리고 정자석에 있는 나무판에 눕거나 서서 별자리를 살펴봤을 거라고 해.

하지만 첨성대는 평지에 있어. 생각보다 크기도 작지. 올라가기도 번거롭고 말이야. 이런 점을 들어 진짜로 그곳에서 하늘과 달과 별을 봤는지에 대한 의견이 분분해.

첨성대에서 실제로 하늘의 변화를 살펴봤다는 학자들이 있는가 하면, 수학과 천문학에 대한 상징적인 탑일 거라는 학자들이 있고, 여자라고 얕보는 사람들에게 여왕 자신이 정말로 왕이 될 자격이 있음을 보여 주기 위해 만든 권위의 상징물이라고 주장하는 학자들도 있어.

그런데 당시 신라를 비롯한 고구려와 백제는 오늘날처럼 과학이 발달하지 못했음에도 다양한 천문 현상을 기록으로 남겼어.

달이 지구와 태양 사이에 와서 태양을 가리는 일식, 행성의 움직임, 혜성의 출현, 유성과 운석의 낙하, 오로라 관측 등 240개가 넘는 천문 관측 기록이 남아 있어.

이 기록들을 오늘날의 과학으로 확인해 본 결과, 연대와 날짜 그리고 상황이 대부분 맞아떨어져. 심지어 중국, 일본이 관측한 기록보다도 훨씬 정확하지. 이러니 첨성대에서 하늘을 관측했을 거라는 주장이 나온 건 당연한 일이야.

첨성대에 활용된 천문 과학

첨성대의 쓰임에 대한 다양한 추측 가운데 어떤 게 진짜인지는 시간을 되돌려 그때로 가보지 않고는 알 수 없지만, 이러한 관측 사실로 비추어 보아 삼국 시대에 우리나라 천문 과학 기술이 무척 뛰어났다는 것은 분명해.

첨성대에 깃들어 있는 천문 지식

첨성대는 2층으로 되어 있고, 기단부(밑단), 원주부(몸통), 정자석부(머리)의 세 부분으로 구분돼.

여기에는 달의 변화와 공전 주기, 별자리 개수, 1년 12달과 24절기의 천문 과학이 모두 담겨 있어. 특히 태양의 변화에 따라 일 년을 24등분 해서 계절을 구분한 24절기는 계절이 바뀌고 기후의 특징이 잘 나타나므로 농사를 짓는 데 필요한 정보였어. 예를 들어 망종은 씨를 뿌리기 좋은 때라는 뜻이야. 된서리가 내린다는 상강이 되면 농촌에서는 가을걷이가 한창이어야 해. 곡식이 서리를 맞으면 못 쓰게 되기 때문에 그즈음에 추수를 해야 해.

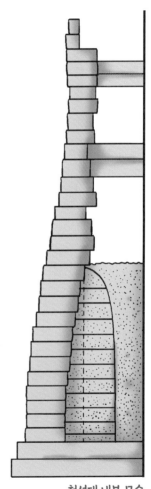

첨성대 내부 모습

아름다운 곡선에 담긴 과학

첨성대 안에는 무엇이 들어 있을까? 사람의 허리

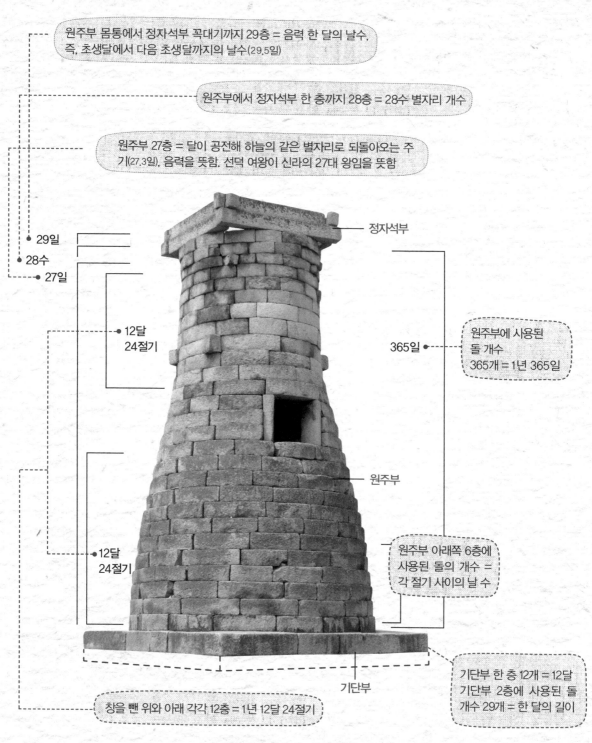

원주부 몸통에서 정자석부 꼭대기까지 29층 = 음력 한 달의 날수,
즉, 초생달에서 다음 초생달까지의 날수(29.5일)

원주부에서 정자석부 한 층까지 28층 = 28수 별자리 개수

원주부 27층 = 달이 공전해 하늘의 같은 별자리로 되돌아오는 주기(27.3일), 음력을 뜻함. 선덕 여왕이 신라의 27대 왕임을 뜻함

29일
28수
27일

12달
24절기

12달
24절기

정자석부

365일

원주부에 사용된
돌 개수
365개 = 1년 365일

원주부

원주부 아래쪽 6층에
사용된 돌의 개수 =
각 절기 사이의 날 수

기단부

기단부 한 층 12개 = 12달
기단부 2층에 사용된 돌
개수 29개 = 한 달의 길이

창을 뺀 위와 아래 각각 12층 = 1년 12달 24절기

첨성대에 담겨 있는 천문 과학

처럼 아름다운 병 모양을 한 첨성대의 비밀은 각각의 윗단이 아랫단보다 조금씩 들어가 있다는 거야. 그리고 12단까지는 흙이 가득 차 있지.

이 흙은 첨성대의 병 모양이 그대로 유지되고 무너지지 않도록 단단히 받쳐 주고 있어. 지진 같은 자연재해가 일어나도 무너지지 않도록 미리 대비한 거야.

5

과학과 예술의 완벽한 조화

석굴암

일제 강점기

무엇보다 바람이 잘 통해야 해요. 창문을 냅시다.

토목 전문가

건축가

습기를 없애려면 따뜻해야 해요. 난방을 합시다.

미생물이 침범하지 못 하도록 아예 막아 버려야 해요.

생물학자

대공사가 시작되겠군요. 자, 어서 시작합시다.

쿵!

드드 드드드

더더욱 망쳐 놓고 있고만.

이런 게 과학적인 거야?

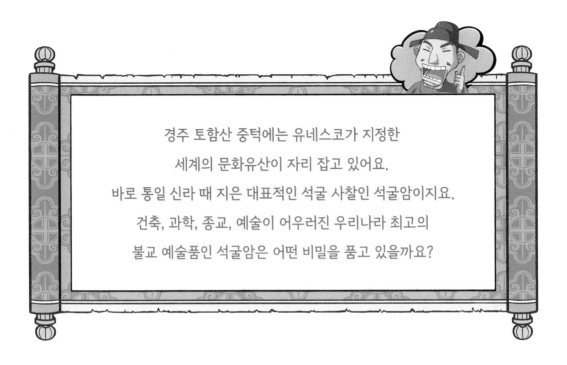

경주 토함산 중턱에는 유네스코가 지정한
세계의 문화유산이 자리 잡고 있어요.
바로 통일 신라 때 지은 대표적인 석굴 사찰인 석굴암이지요.
건축, 과학, 종교, 예술이 어우러진 우리나라 최고의
불교 예술품인 석굴암은 어떤 비밀을 품고 있을까요?

 ## 석굴암은 세계가 인정한 문화유산이야

경주 토함산 중턱에 자리 잡은 석굴암은 우리나라 국보 제24호야. 1995년에 불국사와 함께 유네스코가 지정한 세계 문화유산으로 등록되었어.

『삼국유사』에 따르면 751년(경덕왕 10년)에 김대성이 짓기 시작했고, 석굴암이 만들어졌을 때에는 석불사라고 불렀다고 해.

석굴암은 흰색 화강암을 다듬어 만든 석굴이야. 천장을 둥글게 만들고 그 위에 흙을 덮어 굴처럼 보이게 절을 지었기 때문에 석굴암으로 불리지.

중국과 인도에는 자연의 암벽을 이용해서 만든 절이 많아. 하지만 사람의 손으로 굴을 만들어 예술적으로 조각된 불상들을 설치한 곳은 오직 석굴암뿐이야.

석굴은 예불을 드리는 직사각형의 전실과 본존불을 모신 둥근 모양의 주실, 전실과 주실을 잇는 통로로 되어 있어. 네모난 전실은 땅을, 둥근 주실은 하늘을 상징하지.

석굴암 입구
암자 뒤로 무덤처럼 봉긋 솟은 것이 석굴암이다.

석굴암 전체 모습

본존불을 중심으로 우아한 모습을 한 보살들과 10대 제자상이 둥근 벽면을 둘러싸고 있고, 그 앞을 사천왕상이 용맹하고 위풍당당한 모습으로 지키고 있지.

원래는 모두 40구의 불상이 있었으나 지금은 38구만이 남아 있어. 이 밖에도 본존불 앞뒤에 작은 석탑 2기와 대리석로 된 일기(비석 또는 탑과 비슷한 종류)가 있었지만, 지금은 사라지고 없어.

원래 모습을 잃어버린 석굴암

석굴암에 들어서면 주실 가운데에 본존불이 있어. 석굴암의 내부는 모두 화강암으로 되어 있는데, 화강암은 다른 암석에 비해 꽤나 단단해서 섬세하게 조각하기가 쉽지 않아. 그런데도 본존불은 마치 살아 있는 듯한 모습이야. 악마를 쫓아낸다는 뜻의

본존불이 있는
주실 입구를 지키는
사천왕상

석굴암 본존불
주변을 보살들과 10대 제자상이 둘러싸고 있다.

일제가 보수 공사를 하기 전의 석굴암 모습
원래는 입구가 막혀 있지 않아 자연적으로 통풍이 되고 습기가 조절되었다.

'항마촉지인'이라는 자세를 하고 있고, 옷 주름은 매우 자연스러워.

우리는 이 모든 것을 멀리서 바라보거나 사진으로만 볼 수밖에 없어. 왜냐하면 석굴암이 거대한 유리벽에 가로막혀 있어서 들어갈 수 없기 때문이야. 석굴암은 고려 시대와 조선 시대 그리고 오늘날에 이르기까지 여러 차례 수리 및 보수 작업을 거쳤어.

석굴암은 일제 강점기였던 1907년에 한 우편배달부가 처음 발견했다고 해. 하지만 이미 조선 시대의 여러 자료에 석굴암에 대한 기록이 있는 것으로 보아 최초의 발견이라고 하기엔 억지스러운 면이 있어. 다만 그 우편배달부와 일본은 어디에서도 본 적이 없는 것을 처음 봤으니 '발견'이라 할 만해.

발견 당시 석굴암은 많이 깨지고 부서진 상태였어. 일제는 부서진 석굴암을 원래 상태로 고쳐 놓는답시고 여기저기를 시멘트로 막아 버렸어. 그 이전만 해도 통풍과 습기가 자연적으로 조절되던 석굴암은 엉망이 되고 말았지. 사실 발견되기 전까지 석굴암 내부는 바깥 날씨와 상관없이 쾌적하게 유지되고 있었어. 아무리 비가 많이 오고 폭설이 쏟아져도 굴 안은 항상 습기 없이 건조했지.

하지만 보수하기 위해 바른 시멘트는 매끄럽고 단단한 화강암 벽에 나쁜 영향을 주고 말았어. 석굴암 바닥과 천장 위로 물이 스며들고, 벽에는 푸른 이끼까지 생긴 거야. 심지어 돌조각이 떨어지기까지 했어. 게다가 조각상들을 아무렇게나 배치해 굴의 구조도 엉망이 돼 버렸어. 결국 석굴암은 원래 모습을 잃고 말았어.

 # 석굴암에서 배우는 온도와 습도

석굴암은 방과 천장 그리고 본존불의 크기가 알맞게 조화를 이루고 있어. 아주 자세히 살펴보면 석굴암은 마치 수학과 기하학이라는 밥에 건축, 종교, 예술, 과학이라는 나물을 올린 비빔밥과도 같아.

수학과 자연 현상의 조화

석굴암 구조는 당척♣을 사용했어.

당척이란 당나라에서 길이를 잴 때에 쓰던 자로 1당척은 29.7센티미터야. 석굴암은 12당척을 기준으로 지어졌어. 우리가 알고 있는 미터법으로 환산하면 12척은 3.564미터인 셈이지.

다른 위치에서 본 석굴암 본존불

석굴암의 각 부분은 사람이 가장 아름다움을 느끼는 조화와 비례로 되어 있다. 또 석굴암 본존불은 보는 위치에 따라 표정이 달라 보인다. 이는 석굴암을 만들 때 쓰인 수학적 기법들이 만들어 낸 놀라운 결과이다.

금동미륵보살반가사유상

삼국시대 금동 불상을 대표하는 걸작품으로 유명한 국
보 제83호 금동미륵보살반가사유상도 황금비인 1 :
1.618로 만들어졌다(A : B = 1 : 1.618 / C : D = 1 : 1.618).
황금비율에 가까운 1 : 1.414는 비교적 균형이 잡힌 비
율로 가로 210밀리미터 × 세로 297밀리미터인 a4 용
지의 비율과도 같다.

본존불의 지름, 후실 입구, 주실의 반지름, 천장의 반지름, 주실의 원 안쪽에 접하는 육각형의 한 변은 모두 12당척이야. 본존불에서 입구까지 연결된 선은 12당척의 3배수이고, 절에 들어선 사람의 눈에 본존불이 가장 아름답게 보이는 위치도 12당척의 2배가 되는 지점이야. 여기서 12는 1년 12달, 하루 12시간을 뜻해.

또 석굴암은 원을 많이 사용했어. 원의 둘레 360도는 태음력의 1년을 표시해. '태음력'이란 달이 차고 기울어지는 현상, 즉 초승달이 되었다가 보름달이 되는 현상을 기초로 만든 달력이야. 다른 말로 '음력'이라고 하지.

본존불의 얼굴 너비는 2.2자, 가슴 폭은 4.4자, 어깨 폭은 6.6자, 양 무릎의 너비는 8.8자로 1 : 2 : 3 : 4의 비율을 갖고 있어.

또한 12당척을 1로 삼아서 석굴암의 건축을 비교해 보면 각 부분이 1 : 1.414의 비율로 된 것을 알 수 있어. 이를 '금강 비례'라고 하는데, 이는 황금 비율인 1 : 1.618에 가까운 수치야. 한마디로 사람이 가장 아름다움을 느끼는 조화의 비례로, 많은 자연 현상과 예술에서 찾아볼 수 있어.

화강암

온 천지를 뒤흔들며 검은 연기를 내뿜는 화산은 붉은 물질을 마구 쏟아 내. 마치 기이한 동물이 붉은 혀를 내미는 것처럼 말이야.

이 물질을 '용암'이라고 해. 땅속 깊은 곳에 있는 물질인 '마그마'가 지표면을 뚫고 나온 거야. 마그마가 굳어서 된 암석을 '화성암'이라고 해. 화성암에는 흘러나온 용암이 굳어서 만들어진 현무암과 마그마가 땅속 깊은 곳에서 굳어 만들어진 화강암이 있어.

석굴암은 화성암 가운데 화강암으로 만들어졌어. 화강암은 다른 암석들에 비해 단단한 편이어서 섬세하게 조각하기가 쉽지 않아. 게다가 장석, 운모, 석영 같은 것들을 품고 있어서 신중하게 다루지 않으면 원하지 않는 모양으로 쪼개지기 십상이야.

본존불을 자세히 들여다보면 손금과 발금이 있는 것은 물론 연꽃무늬가 매우 사실적으로 조각되어 있어. 특히 발금이 있는 불상은 세계적으로도 찾아보기 어려울 만큼 희귀하지. 화강암을 섬세하고도 조심스럽게 조각해 눈으로 볼 때뿐만 아니라 과학적으로도 완벽한 아름다움을 갖추도록 했다니, 우리 조상들의 솜씨는 정말 대단해.

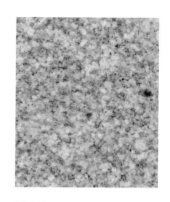

화강암

화강암은 단단한 암석이어서 섬세한 조각을 하기 힘들다. 하지만 석굴암을 보면 화강암으로 만들어졌다는 게 믿기 어려울 정도로 매우 사실적으로 조각되어 있다.

온도, 습도, 통풍의 자연 조절

석굴암은 원래 출입구가 열려 있어서 바깥 공기가 쉽게 드나들 수 있었어. 주실 지

결로 현상

붕 위에는 수십 센티미터나 되는 돌들이 1 미터쯤 얼기설기 쌓여 있었지. 이 돌 틈들 사이로 바깥 공기가 들락날락했기 때문에 석굴암 내부와 바깥 온도의 차가 크지 않았다고 해.

그런데 일제가 보수 공사를 하면서 시멘트를 발라 이 돌 틈을 막는 바람에 항상 건조하던 석굴암 내부는 이슬이 맺히고 습기가 차는 바람에 푸른 이끼와 곰팡이가 끼게 된 거야.

현재 석굴암에 이슬이 맺히는 시기는 주로 장마가 그치고 맑은 날이 시작될 때야. 비가 그치고 갑자기 기온이 올라가면 따뜻해진 공기는 물기를 머금게 되지. 이 공기가 차가운 시멘트와 만나면 어떻게 될까? 물방울이 생기면서 이슬이 생기는 거야.

'이슬'이란 수증기가 물방울로 변한 것을 말해. 날이 추워지면 창문 안쪽에 물이 생기는 것을 봤을 거야. 이처럼 습기가 차서 이슬이 맺히는 것을 '결로 현상'이라고 해.

사람들이 생활하는 방 안은 차가운 공기가 떠도는 바깥보다 온도가 높아. 그러나 창문 표면과 창틀은 바깥 공기와 가까워서 온도가 낮아. 다시 말해 창문 근처를 머물던 따뜻한 실내 공기가 차가운 공기를 만나는 순간 온도가 낮아져서 물방울이 생기게 돼.

석굴암의 원래 만들어 둔 돌 틈이 그대로 있었다면, 더운 내부 공기가 자연스럽게 밖으로 빠져나가고 차가운 바깥 공기는 안으로 들어오겠지? 그럼 안과 밖의 온도가 비슷해져서 이슬도 생기지 않고 물기 없이 건조한 상태가 유지됐을 거야.

또 석굴암은 바닥의 돌 틈 사이로 지하수를 흐르게 해서 내부의 온도를 조절했다고 해. 무더운 여름날 햇볕에 달궈진 길바닥에 물을 뿌리면 잠시나마 시원함을 느낄 수 있는 것처럼 말이야.

차가운 바닥과 더운 공기가 만나는 순간 결로 현상이 생기더라도 어차피 바닥에는 물이 흐르기 때문에 저절로 습기가 처리됐지. 그러나 이마저도 일제가 보수하면서 지하수를 다른 곳으로 흐르게 하는 바람에 제 역할을 하지 못하게 됐어.

6

물의 흐름을 마음대로

포석정

초등 사회 3-1 2단원. 우리가 알아보는 고장 이야기 ┃ 3-2 2단원. 시대마다 다른 삶의 모습 ┃
4-1 2단원. 우리가 알아보는 지역의 역사 ┃ 5-2 1단원. 옛사람들의 삶과 문화
초등 과학 3-2 3단원. 지표의 변화 ┃ 4-2 5단원. 물의 여행 ┃ 5-2 4단원. 물체의 운동

오웃!

바로
저거야!

저렇게 물길을
굽이굽이 만들어
두면 물이 천천히
흐르겠군.

유상곡수를 하기에
안성맞춤이겠어.

제사를 지낸 후
시를 지으며 술을
마시기 딱입니다.

폐하, 어찌 포석정을
만들 생각을
하셨습니까?
대단하십니다.

그럼, 어디
술잔을 물에
띄워 볼까?

2시간 후

이번에도 폐하께서
또 걸리셨습니다.

왜 나만
걸리는 거야~

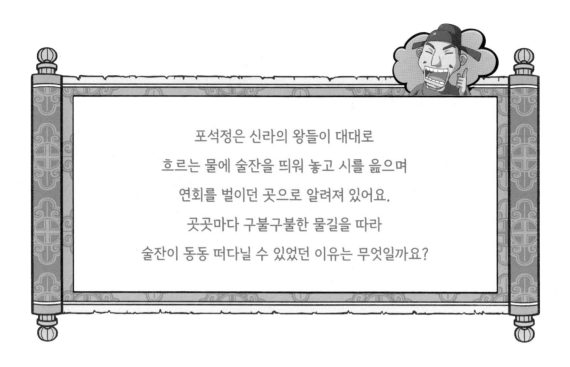

포석정은 신라의 왕들이 대대로
흐르는 물에 술잔을 띄워 놓고 시를 읊으며
연회를 벌이던 곳으로 알려져 있어요.
곳곳마다 구불구불한 물길을 따라
술잔이 동동 떠다닐 수 있었던 이유는 무엇일까요?

포석정은 뭘 하던 곳일까?

우리나라 사적 제1호인 포석정은 63개의 돌로 만든 구불구불한 물길로, 그 모습이 전복의 껍질 같다고 하여 '전복 포(鮑)' 자를 써서 포석정이라고 불러.

포석정이 언제 만들어졌는지는 알 수 없어. 하지만 『삼국사기』에 신라 헌강왕이 포석정에 행차했다는 기록이 있는 것으로 보아 그 이전에 만들어졌을 거라고 추측하고 있어.

포석정은 왕이 놀던 놀이터라고 알려져 있지만, 발굴된 유물을 살펴보면 잔치를 벌이던 연회 장소라고 보기 어려워. 오히려 674년 문무왕 때 만들어진 인공 연못인 안압지가 연회 장소였을 가능성이 높아. 1975년에 발굴된 안압지에서는 3만여 점의

포석정
구불구불한 물길에 술잔을 띄워 놓고 술잔이 자기 앞에 오기 전까지 시를 지었다.

유물이 출토됐어. 그중에는 술자리에서 사용하던 십사면체 주사위인 주령구도 있었지. 하지만 포석정에서는 놀이와 관련된 유물이 단 한 점도 출토되지 않았어. 그렇다면 포석정은 무엇을 하던 곳이었을까?

 신령스러운 장소는 아니었을까?

포석정은 경주 남산에 있어. 경주 남산은 신라의 성지로 불리는데, 130여 곳의 절터와 400여 기의 불상과 탑들이 들어서 있어. 또 신라 건국을 비롯한 신라 역사와 관련된 유적지가 무척 많아. 발길 닿는 곳마다 불상을 볼 수 있고, 고분과 절터 등을 만날 수 있지.

포석정에서 500미터쯤 떨어진 '나정'은 신라의 첫 임금인 박혁거세가 탄생했다고 하는 우물이야. 박혁거세가 세운 신라의 첫 궁궐터인 창림사지도 그 근처에 있지. 또 포석정에서 1킬로미터 떨어진 곳에는 박혁거세, 유리왕, 남해왕, 파사왕 등 4명의 임금과 박혁거세의 부인 알영 왕비의 무덤인 '오릉'이 있어.

이렇게 도처에 선조들의 탄생과 죽음이 관련된 곳들이 널려 있는데, 어떻게 한 나라의 왕이 포석정에서 술을 마시고 잔치를 벌일 수 있었겠어.

경주 남산과 그 주변 모습

나정   오릉

『삼국유사』에 따르면, 헌강왕이 포석정에 갔을 때 남산 신이 나타나 그 앞에서 춤을 추었다고 해. 이로 보아 포석정은 신이 나타나는 신령스러운 곳이 아니었을까? 또 포석정은 신라의 경애왕이 후백제의 견훤이 쳐들어오는 줄 모르고 잔치를 벌이다 죽음을 당한 곳으로도 알려져 있어. 하지만 일부 역사학자들은 경애왕이 신라를 구해 달라고 신에게 제사를 지내기 위해 포석정에 갔다가 죽음을 당했을 거라고 주장하기도 해.

 경건한 의식에서 시작된 놀이, 유상곡수

'유상곡수'란 흐르는 물에 술잔을 띄우고 시를 짓는 것을 말해. 이러한 풍습은 중국의 동진 시대 때 명필가로 이름을 날린 왕희지로부터 시작되었다고 해.

왕희지는 가까운 문인들을 초대해 시를 짓는 놀이를 하곤 했어. 특히 연꽃 속에 술잔을 넣어 물 위에 띄우고는 그 잔이 자기 앞에 오기 전에 시를 짓는 놀이를 즐겨 했다고 해. 이것이 유상곡수야. 시를 짓지 못한 사람은 벌칙으로 술 석 잔을 마셔야 했대.

유상곡수는 중국에서도 단순한 놀이가 아니었어. 허물을 벗고 다시 태어난다는 의미로 흐르는 물에 몸을 씻고 악을 털어 내는 의식이었어. 또 매년 3월 3일이면 1년 간의 나쁜 기운을 씻어 내기 위해 물에 머리를 감고 제사를 지낸 후 시를 짓고 술을 마셨어. 후에 시를 짓고 술을 마시는 유상곡수만 전해졌지.

신라의 포석정 옆에도 몸을 씻는 장소로 여겨지는 웅덩이가 있어. 이 웅덩이는 신라의 성지인 남산 계곡에서 물이 흘러내리는데, 그 방향이 동에서 서로 흐르므로 좋은 기가 흐른다고 해서 신라 사람들은 웅덩이의 물을 생명수로 여겼어.

신라의 왕들은 이 웅덩이에서 몸과 마음을 씻고 포석정으로 자리를 옮겨 제사를 드린 뒤, 제사상에서 나온 술과 음식을 먹으면서 시를 지었다고 할 수 있어.

포석정에서 배우는 자연의 회돌이 현상

유상곡수 놀이를 하려면 물에 띄운 술잔이 흘러 내려가다가 어느 자리에서는 맴돌아야 해. 하지만 중국과 일본의 것은 물에 띄운 술잔이 흘러 내려가기만 할 뿐, 신라의 포석정처럼 어느 한곳에서 맴돌지 않아.

물의 흐름을 마음대로

거북이 모양을 한 입구를 통해 흐르기 시작한 물은 어느 곳에서는 멈추기도 하고 다시 거꾸로 돌기도 하면서 굽이굽이 물길을 따라 흘러. 여기에 술잔을 띄우면 술잔이 물길을 따라 흐르다가 어느 순간 멈추게 돼. 그러면 그곳에 앉아 있던 사람이 시*를 읊어야 해. 잠시 후 술

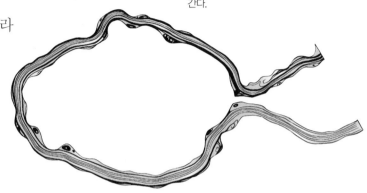

포석정의 물의 흐름

물길이 굽은 곳에서는 물이 소용돌이처럼 돌고 있는 게 보인다. 이곳에 술잔이 이르면 한동안 뱅뱅 돌다가 다시 흘러 내려간다.

잔이 또다시 물길을 따라 흘러가고, 술잔이 한 바퀴 돌아올 때까지 시를 다 지으면 벌칙을 받지 않아도 됐어.

포석정에 물이 들어와서 빠져나가기까지 길이가 22미터인데, 그중 전복 모양을 닮은 구간은 18미터야. 만일 물이 돌지 않고 곧장 흘러 내려가면 2~3분이면 다 빠져나갈 수 있는 길이지. 그 시간은 당시 사람들이 즐겨 짓던 4언 시 또는 5언 시를 짓기에는 턱없이 부족해. 못해도 7~10분 정도 걸려야 시를 지을 수 있어.

그래서 포석정에는 물길을 굽이굽이 만들어 놓았어. 술잔이 그 부분에 이르면 멈

 잠깐!

시는 머릿속에 생각나는 대로 짓는 게 아니야. 보통 글자의 수, 둘 이상의 단어가 모여 절이나 문장의 일부분을 이루는 구의 수, 일정한 자리에 같은 운(음이 비슷한 글자)을 규칙적으로 써야 하는 압운, 운의 위치 등 규칙을 지켜서 지어야 해. 구를 이루는 글자의 수는 5언·7언이 가장 많고 4언·6언도 있어.

회돌이 현상

계곡물에 떠 있는 낙엽이나 꽃잎이 흘러 내려가지 못하고 빙빙 제자리에서 도는 경우가 있는데, 이것이 자연에서 볼 수 있는 회돌이 현상이다.

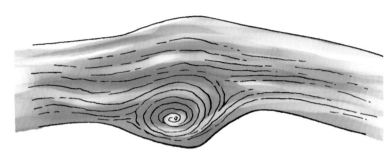

추거나 제자리에서 맴돌도록 말이야. 이렇게 술잔이 물의 흐름과 반대로 도는 것을 '회돌이 현상'이라고 해. 한마디로 작은 소용돌이 현상이 생기는 거야. 왜 이런 현상이 일어나는 걸까?

포석정♣의 구불구불한 물길은 벽과 바닥의 기울기, 폭과 깊이 등이 각기 달라. 이런 불규칙한 모양이 물의 흐름을 다르게 해서 술잔이 흘러가는 시간을 늘려 주지. 술잔을 뱅뱅 돌게 하고, 잠시 물의 흐름을 막아 술잔을 가둬 두기도 해.

이러한 회돌이 현상은 자연에서도 흔히 볼 수 있어. 가을이 되어 계곡물에 낙엽이 떨어지면, 낙엽이 물이 흐르는 대로 잘 떠내려가다가 바위나 다른 낙엽에 부딪혀 멈춰 있는 것을 볼 수 있어. 이때 낙엽이 멈춘 곳을 잘 살펴보면, 물이 고여 있거나 뱅

잠깐!

포석정은 술잔의 크기에 따라, 술잔 속에 담긴 술의 양에 따라 흐르는 속도가 달라져서 술잔이 흐르는 시간이 일정하지 않아. 술잔이 지나는 길도 술잔을 출발시키는 위치에 따라 달라지므로 앞서 시를 지은 사람과 비슷한 시간에 시를 지을 수 있을지 알 수 없어.

글뱅글 도는 것을 확인할 수 있지.

포석정은 이 같은 자연 현상에 대한 신라인들의 예리한 관찰력과 분석으로 만들어진 문화유산이야.

흉내 낼 수 없는 비색의 매력

고려청자

초등 사회 3-2 2단원. 시대마다 다른 삶의 모습 | 5-2 1단원. 옛사람들의 삶과 문화 |
6-2 2단원. 통일 한국의 미래와 지구촌의 평화
초등 과학 3-1 2단원. 물질의 성질 | 3-2 2단원. 동물의 생활 3단원. 지표의 변화 | 4-2 1단원. 식물의 생활 |
6-1 3단원. 여러 가지 기체 | 6-2 3단원. 연소와 소화

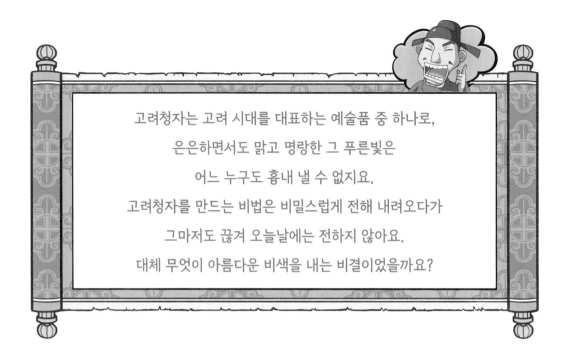

고려청자는 고려 시대를 대표하는 예술품 중 하나로,

은은하면서도 맑고 명랑한 그 푸른빛은

어느 누구도 흉내 낼 수 없지요.

고려청자를 만드는 비법은 비밀스럽게 전해 내려오다가

그마저도 끊겨 오늘날에는 전하지 않아요.

대체 무엇이 아름다운 비색을 내는 비결이었을까요?

고려청자는 세계가 인정한 명품이야

오늘날 전 세계 사람들이 감탄하는 우리 문화 하나를 고르라면 '도자기'를 꼽을 수 있어. 그 시작은 고려로 거슬러 올라가지.

당시 고려는 푸른빛, 흰빛, 잿빛 등 갖가지 색의 자기를 만들었어. 그 가운데서 푸른빛을 내는 청자는 무늬와 빛깔이 아름다워 예술적 가치가 매우 높은 것으로 정평이 나 있어.

청자는 송나라 도자기의 영향을 받아 발달했어. 그러나 송나라의 것보다도 기법이 훨씬 우수해서 송나라 사람들도 고려의 청자를 천하의 제일품이라고 칭찬했지.

고려청자의 우수한 점은 크게 3가지로 꼽을 수 있어.

다양한 모양의 고려청자

첫째, 무척 신비로운 빛깔을 가졌다는 점이야. 청자의 색은 황록색, 황갈색도 있는데, 비색 청자는 비취옥의 색과 비슷하다고 하여 '비색'이라고 했어. 그리고 모든 물건 중에서 가장 귀하게 여겼어.

송나라의 사신으로 고려에 온 서긍은 "고려인이 푸른빛 자기를 귀히 여겨 비색이라 일컫는다."라고 했고, 송나라의 어느 학자는 천하제일의 명품 가운데 하나로 고려 비색이라 하여 청자를 꼽았을 정도야.

둘째, 형태가 아름답다는 점이야. 병, 항아리, 잔, 주전자, 연적, 꽃병, 향로 등에여러 가지 장식을 덧붙여 완전한 모양을 갖추었어. 국화, 연꽃, 봉황, 토끼, 원숭이등 여러 가지 동물과 식물을 본떠 만든 자기는 탐스러움과 귀여움을 더하고 있어.

셋째, 고려만의 독창적인 방법을 사용하여 문양을 새겼다는 점이야. 처음에는 양

청자 칠보 투각 향로

국보 제95호. 국립중앙박물관 소장. 고려 시대 청자로 된 향로 중 모습이 가장 뛰어난 것으로, 꽃 모양 받침대와 향로 몸체 그리고 뚜껑으로 구성되어 있다. 3마리의 토끼가 연꽃이 놓인 꽃 받침을 받치고 있다.

각(글자나 그림을 바탕보다 도드라지게 새기는 것)이나 음각(글자나 그림을 움푹 들어가게 새기는 것)으로 문양을 새겼어. 후에는 '상감 기법'이라고 하여 고려만의 독특한 기법을 창안했지.

 ## 고려의 고유한 도자기, 상감청자

고려 때 개발된 상감 기법은 처음에는 도자기가 아닌 금속 물건에 사용했어. 상감이란 말은 금속의 표면에 다른 금속을 박아 넣는 것을 뜻해. 보통 청동으로 만든 물건에 문양 형태를 따라 홈을 판 다음 은선(은으로 만든 선)을 박아 넣었지.

고려 사람들은 화려한 것을 좋아했어. 현재까지 전하는 고려 시대의 유물을 살펴보면 그 어느 시대보다도 화려하고 아름다워.

도자기도 예외가 아니야. 고려 사람들은 중국에서 받아들인 도자 기술을 뛰어넘어 고려만의 푸른 광채에 화려한 문양을 한 도자기를 만들려고 애를 썼어. 그러다 마침내 금속 공예 기법 중 하나인 상감 기법을 도자기에 응용해 우리만의 고유한 상감청자를 개발해 냈어.

상감청자는 그릇의 표면에 나타내고자 하는 문양이나 글자 등을 파낸 뒤, 그 홈에 색이 다른 흙을 메우고 표면을 매끄럽게 고른 후 유약을 입혀 구운 청자야. 푸른빛을 바탕으로 흑백의 문양이 선명하게 돋보이지.

상감청자는 1231년 몽골이 침입한 이후 조금씩 간단한 무늬를 표현하는 방식(도장 등으로 누른 뒤 하얀 흙으로 무늬를 채움)으로 바뀌었어. 이후 조선 시대의 분청사기(청자에 빛깔이 하얀 흙가루를 발라 다시 구워 낸 것으로, 잿빛을 띤 파란색 또는 잿빛을 띤 노란색이 매력이다.)로 이어졌지.

청동 은입사 포류 수금문 정병
국보 제92호. 청동으로 병을 만든 후 무늬에 은을 박아 넣었다.

청자 상감 운학문 매병
국보 제68호. 간송미술관 소장. 고려 시대에 제작된 대표적인 고려 상감청자이다.

고려청자로 배우는 철 이온과 연소

　도자기는 흙과 유약과 불로 이루어진 결정체야. 이 3가지가 없으면 만들 수가 없어. 특히 고려청자의 제작 방법은 그 자체가 비밀이었어. 게다가 16세기 이후로 고려청자를 만드는 비법 전수마저도 끊기는 바람에 오늘날 그 수수께끼를 푸는 게 쉽지 않아.

어느 누구도 흉내 낼 수 없는 비색의 매력

　근현대의 숱한 장인들이 비색을 재현하려고 도전했지만 모두 실패했어. 청자 비색의 비결은 영원히 수수께끼로 남을 것만 같았지.

　그런데 최근 한 연구에 따르면, 비색의 근원은 유약 속에 들어 있는 철 이온에 있다는 것이 밝혀졌어. 철 이온이 산소와 결합하면 산화제2철이 되거든. 산화제2철은 흙과 유약 속에 있지.

　자기를 굽기 위해서는 가마의 입구를 막고 불을 계속 지펴야 해. 가마의 입구로 산소가 들어가지 못하는 상태에서 계속해서 높은 온도로 불을 때려면 어떻게 해야 할까? 그 해답은 연소의 원리에 있어.

　'연소'란 물질이 빛과 열을 내면서 타는 현상이야. 연소를 하려면 공기 중에 들어 있는 산소가 필요하지. 하지만 가마에 도자기를 구울 때는 공기가 들어가지 못하게 입구를 완전히 막기 때문에 가마 속에는 산소가 부족할 수밖에 없어.

　그렇다면 산소는 어디에서 구할까? 자기는 무엇으로 빚지? 바로 흙이야. 비록 그릇의 모습을 하고 있지만, 원래 흙이었기 때문에 자기 속에는 철 이온과 결합한 산소가 있어. 또 자기 겉면에 발라 놓은 유약에도 있지. 다시 말해 불은 계속해서 타오르기 위해 자기에 있는 산소를 쓰게 되는 거야.

자기에 유약을 바른 상태에서 불이 산소를 충분히 앗아가지 못하면 자기는 누런색이 돼. 섭씨 1,300도까지 온도가 올라가면 자기는 산소를 모두 빼앗기고 철

김제 부거리 옹기가마
직접 장작을 피워 사용하는 전통 방식의 가마다.

만 남아 푸른빛을 띠는 거야. 다시 말해 산소가 넉넉한 상태에서 구우면 붉거나 누런 도자기가 만들어지고, 산소가 부족한 상태에서 높은 온도로 구우면 푸른빛의 청자가 되는 거야.

8

불심이 담긴 과학

팔만대장경판

자자, 조심조심!

신중을 기해 주세요.

한 글자라도 틀리면 판을 새로 갈아야 해.

헉!

자네는 얼마나 새겼는가?

경판 한 면에 322자, 오늘 3일째인데 98자 새겼습니다.

이런!

무슨 일 있나?

글자를 새기는 중이라 자리를 뜰 수도 없고.

소피가 마려워서 그렇습니다.

허리를 숙여 절까지 하려니……

아이고 안 되겠다.

볼일은 미리미리 챙기십시오.

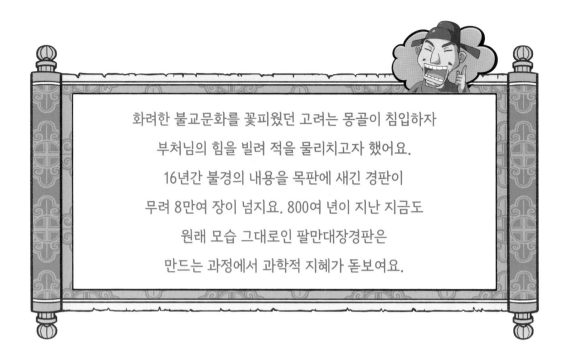

화려한 불교문화를 꽃피웠던 고려는 몽골이 침입하자
부처님의 힘을 빌려 적을 물리치고자 했어요.
16년간 불경의 내용을 목판에 새긴 경판이
무려 8만여 장이 넘지요. 800여 년이 지난 지금도
원래 모습 그대로인 팔만대장경판은
만드는 과정에서 과학적 지혜가 돋보여요.

대장경판은 불경을 나무에 새긴 거야

국보 제32호인 팔만대장경판은 세계에서 가장 규모가 크고 오래됐으며, 완벽한 솜씨로 제작된 것으로 알려져 있어. 2007년에 세계 기록 유산으로 등재됐어.

팔만대장경판은 경상남도 합천군에 있는 해인사라는 절에 보관되어 있어서 '해인사 대장경판'이라고도 해. 또 고려 시대에 만들어져서 '고려 대장경판'✤이라고도 하지.

고려 사람들은 나라에 어려운 일이 생길 때마다 부처님의 도움으로 이겨 낼 수 있다고 생각했어. 그래서 외적이 침입할 때마다 부처님 힘에 의지해 이겨 내고자 불경의 내용을 정성스럽게 목판에 새겨 찍어 냈어.

고려 현종 때 거란이 침입했을 때는 『초조대장경』을 만들었어. 우리나라 최초의 대장경♣이지. 이후 몽골의 침입으로 『초조대장경』과 승려 의천이 만든 『교장』이 거의 불타 없어지자 다시 불경의 내용을 목판에 새겼어. 이것이 바로 팔만대장경판이야.

목판에 새긴 팔만대장경판

팔만대장경판은 무려 16년간에 걸쳐 제작됐어. 목판의 수가 무려 8만 1,258장이나 돼. 이를 종이에 찍은 게 '팔만대장경'이야.

팔만대장경판은 글자가 새겨진 긴 직사각형의 판자 부분과 양 옆에 인쇄하거나 보관할 때 유용한 손잡이인 마구리로

종이에 찍은 팔만대장경

되어 있어. 경판에는 양면에 글자가 새겨져 있어. 한 면에 322자로 총 644자가 새겨져 있지. 팔만대장경판 전체로는 총 5,200여 만 자가 되는 셈이야. 조선 태조 때부터 철종 때까지 무려 472년간 조선 왕조의 역사적 사실을 기록한 『조선왕조실록』의 글자수인 4,900여 만 자보다도 많아. 왜 대단하다고 하는지 알겠지?

솜씨가 좋은 장인 한 사람이 하루에 새길 수 있는 글자는 대략 30~50자 정도라

잠깐!

대장경판과 대장경은 어떤 차이가 있을까? 대장경판은 나무에 경전의 내용을 새긴 것을 말하고, 대장경은 대장경판에 먹을 묻혀 종이에 찍어 낸 것을 말해.

고 해. 그러므로 경판 한 장당 13일에서 21일 정도가 걸렸을 거야. 이런 경판을 무려 8만 장 넘게 만든 것으로 보아 고려 사람들은 불심이 깊고 나라를 위한 마음이 참 지극했나 봐.

또한 경판 한 장의 두께는 평균 4센티미터 정도로, 8만여 장을 전부 쌓으면 높이가 3,200미터나 돼. 백두산의 높이인 2,744미터보다 높아. 게다가 틀린 글자나 빠진 글자도 거의 없어서 '세계의 불가사의'라는 찬사를 받고 있단다.

대장경판을 만든 이유는 뭘까?

고려는 불교를 국교로 받아들였어. 그렇다고 국교 이외의 다른 종교를 금지한 것은 아니야. 신앙의 자유를 인정하여 다른 종교도 믿을 수 있었어. 국교가 불교이다 보니 수도 개경(개성의 옛 이름)을 비롯해 전국에 많은 절이 있었어. 신하뿐만 아니라 왕족인 사람들도 출가해 승려가 되곤 했어.

고려는 중국의 송나라와 좋은 관계를 맺었어. 고구려의 옛 땅을 되찾기 위해 북진 정책을 실시하면서부터 거란족이 세운 요나라와 불편한 관계가 시작됐지. 그 결과 거란족은 3차례에 걸쳐 고려를 공격했어. 이때 고려는『초조대장경』을 만들었어.

이후 여진족은 금나라를 세우고 요나라를 멸망시킨 후, 고려에게 신하의 나라가 되기를 요구했어. 당시에는 전쟁을 피하기 위해 그 요구를 받아들여 한동안 평화롭게 지낼 수 있었어. 하지만 또 다른 적인 몽골이 등장했어.

처음에는 서로 힘을 합쳐 고려를 호시탐탐 노리는 거란족을 무찔렀어. 하지만 몽골도 금나라와 마찬가지로 고려에 막대한 공물을 요구했지. 그러나 고려가 몽골의 뜻을 잘 따르지 않고 전쟁 준비를 하는 듯하자 4차례나 쳐들어왔어. 이때에도 고려는 『팔만대장경』을 만들면서 몽골군에 강력하게 저항했어.

그럼에도 고려는 몽골이 세운 원나라의 간섭을 받게 됐지. 심지어 원나라는 고려의 왕을 원나라의 공주와 억지로 결혼시켜 고려를 사위 나라로 삼았어.

고려는 일본의 왜구에게도 괴롭힘을 당했어. 특히 바다 가까운 곳에 사는 백성들은 왜구라고 하면 치를 떨 정도로 힘들게 살아야 했어.

이렇듯 고려는 불교 문화의 꽃을 피우는 가운데 주변 국가들의 잦은 침입으로 매우 힘들게 나라를 지켜 왔어. 툭하면 외적들이 쳐들어오는 탓에 고려 사람들은 부처님의 도움을 절실히 바랐어.

팔만대장경판을 지켜라

나무로 만들어진 팔만대장경판은 몽골의 침입과 임진왜란, 6·25 전쟁을 거치는 동안에도 고스란히 그 모습을 지켜 왔어. 팔만대장경판은 어떻게 그 위기를 극복했을까?

조선 시대의 역사를 자세히 살펴볼 수 있는 『조선왕조실록』에는 대장경판에 대한 내용이 실려 있어.

1422년 12월 25일 세종 대왕은 "대장경판은 무용지물인데, 일본에서 간절히 달라고 하니 아예 주는 것이 어떤가?" 하고 대신들에게 물었대.

우리 조상들이 애써 만든 것을 달라고 한 것을 보니 당시 일본은 대장경판을 만들만한 기술도 없고, 그만한 노력을 기울일 자신도 없었나 봐. 다행히 대신들은 "경판은 아낄 만한 물건은 아니지만 일본이 달라는 대로 줬다가는 나중에 후회하게 될 것이니 그 생각은 접어 주십시오."라고 했대.

나라가 쑥대밭이 되다시피 한 임진왜란 때에는 정말로 대장경판을 왜군에게 빼앗길 뻔했어.

1592년 4월 부산에 도착한 왜군은 보름도 안 돼 해인사 근처인 성주를 점령했어. 꼬박 이틀 밤낮을 걸어 대장경판이 있는 해인사에 도착해 곧 점령할 태세였지. 다행히 홍의장군 곽재우와 거창과 합천에서 일어난 의병들이 해인사로 쳐들어오는 왜군을 막아 냈어. 스님들도 힘을 모아 해인사를 지켰어.

많은 문화재를 잃었던 6·25 전쟁 때에는 정말 위기일발의 순간이 있었어.

6·25 전쟁이 발발한 지 1년이 조금 넘은 겨울, 맥아더 장군의 인천 상륙 작전이 성공해 북한군은 저 멀리 물러났어. 그러나 북한군 1,000여 명이 여전히 남아 목숨을 걸고 끝까지 싸우고 있었어. 하필이면 해인사를 중심으로 죽기 살기로 버티고 있었던 거야. 그때 미군은 단번에 전쟁을 끝낼 요량으로 전투기를 몰고 해인사를 폭격하라는 명령을 내렸어.

당시 전투기 조종사인 김영환 대령은 소중한 우리 문화유산을 한순간에 재로 만들고 싶지 않았어. 그래서 이런저런 이유를 대며 해인사를 폭격하지 않았지. 만일 미군의 명령대로 1,000킬로그램이 넘는 폭탄을 해인사에 떨어뜨렸다면? 어휴, 생각만 해도 아찔해.

대장경판을 보존한 만들기 비법

팔만대장경판은 나무로 만들어졌어. 나무는 시간이 지나면 썩고 부서지게 마련인데, 팔만대장경판은 만들어진 지 800여 년이 지났는데도 원래 모습 그대로야.

대장경판 만들기

나무로 만들어진 경판은 공기 중에 있는 수분과 경판이 가지고 있는 물 분자를 끊임없이 교환하면서 주위 환경에 맞추어 수분을 조절하는 능력을 갖고 있어. 이를 위해 우리 조상들은 다음과 같은 과정을 통해 오랜 세월이 지나도 경판이 썩거나 뒤틀리지 않게 만들었어.

① 글자 새기기에 적합한 나무를 골라 적당한 크기의 나무판 만들기

대장경판은 산벚나무, 돌배나무, 후박나무, 단풍나무, 층층나무 및 자작나무 가족인 박달나무, 거제수나무 등으로 만들었어. 한국에서 가장 크게 자라는 나무인 거제수나무는 산허리 이상의 높이에서 잘 자라. 산벚나무는 바닷가 가까운 산기슭을 좋아해. 이렇듯 각자 선호하는 땅에 뿌리를 깊이 박고 양지바른 곳에서 하늘을 향해 늘씬하고 곧게 뻗으며 자라지. 이 중에서 짧게는 30년, 길게는 40~50년씩 자란 것을 골라 굵기가 40센티미터 이상 되는 매끈한 부분을 사용했어.

② 짠물 또는 민물에 오래 담가 결 삭히기

나무는 여러 종류의 세포가 복잡하게 배열되어 있고, 나무 자체에 많은 수분을 품

고 있어서 수분이 달아나면 비틀어지거나 쪼개지는 경우가 많아. 빵이나 떡을 식탁에 그대로 뒀다가 나중에 먹으려고 보면 겉이 말라 딱딱하잖아. 하지만 쪼개 보면 속이 겉보다 덜 마른 것을 볼 수 있어. 단단한 나무도 이와 마찬가지야. 그냥 잘라 두면 겉면부터 말라서 속에는 물기가 여전히 남아 있어. 이것을 그대로 사용하면 나중에 갈라지고 비틀어지기 쉬워. 이때 소금♣으로 나무의 수분기를 조금씩 말릴 수 있어. 나무판을 소금물에 담갔다 말리면, 표면에 남은 소금기가 아직 다 빠져나오지 못한 수분기를 조금씩 흡수하면서 마르게 해.

③ 밀폐된 곳에 넣고 쪄서 살충하고 진 빼기

나무판을 삶으면 끈끈한 나무의 진이 빠지고 판자 속의 수분이 균일해져서 나무의 결이 부드러워지지. 뻣뻣했던 종이가 물을 먹으면 부드러워지는 것과 같은 이치야.

왜 나무를 부드럽게 만드는 걸까? 나무에 쉽게 글자를 새기기 위함이지. 당연히 딱딱한 나무에 새기는 것보다 힘이 덜 들지 않겠어? 그리고 나무판을 삶으면 속에 숨어 있던 벌레의 알들이 애벌레가 되어 경판을 파먹는 일도 생기지 않아.

소금에는 수분을 흡수하는 성질이 있어. 나무가 많이 자라는 나라에서 커다란 나무를 베어 운반할 때는 바다를 이용하는 것을 본 적이 있을 거야. 그 나무들은 옷장이나 서랍장 같은 가구로 변신하지. 실제로 통나무를 오랫동안 바닷물에 담가 둬도 나무 속까지는 물이 들어가지 않는 데다 바닷물에 포함된 소금이 나무의 수분을 흡수하기 때문에 나무가 뒤틀리지 않아.

④ 충분히 말려 뒤틀리거나 금이 가지 않게 하여 대패질하기

실제 경판의 길이는 평균 77.8센티미터로 0.2~0.5센티미터밖에 차이가 나지 않아. 너비는 0.1~0.6센티미터, 두께는 0.03센티미터 차이로 한눈에 봐서는 구분하기 어려울 정도야.

오늘날 컴퓨터로 조작되는 자동 대패기를 사용해도 이렇게 근소한 차이로 만든다는 것은 무척 어렵다고 해.

당시에는 사람이 손으로 대패를 써서 어림짐작으로만 대장경판을 다듬었을 텐데 8만여 장이나 되는 것을 크기 차이가 거의 없을 정도로 만들었다니, 우리 조상들의 나무 다루는 솜씨는 정말 대단해.

⑤ 옻칠하기

경판을 현미경으로 들여다보면 노랗고 투명한 부분이 보여. 바로 옻칠한 흔적이야.

옻나무의 진액인 옻은 전통적으로 사용해 온 도료야. 물체를 장식하거나 보호하기 위해 물체의 표면에 칠하는 액체란다. 옻칠을 하면 더는 벌레가 나무를 갉아먹지 못해. 나무에 습기가 차는 것도 막아 주므로 나무를 썩지 않게 오랫동안 보관할 수 있어.

 대장경판은 보관하는 장소도 특별해

국보 제52호인 장경판전은 대장경판을 보관하는 장소로, 해인사에 남아 있는 건물 중 가장 오래됐어. 1995년 유네스코가 지정한 세계 문화유산에 등록되었지. 장경

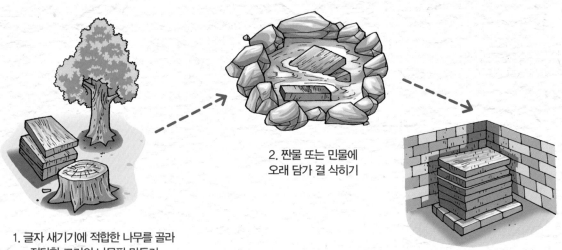

1. 글자 새기기에 적합한 나무를 골라
적당한 크기의 나무판 만들기

2. 짠물 또는 민물에
오래 담가 결 삭히기

3. 밀폐된 곳에 넣고 쪄서
살충하고 진 빼기

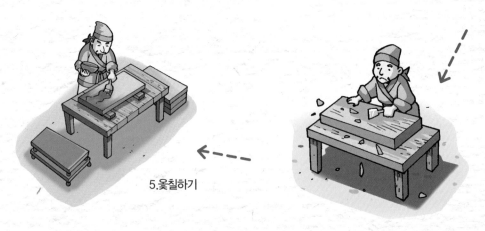

5.옻칠하기

4. 충분히 말려 뒤틀리거나 금이 가지 않게
하여 대패질하기

그림으로 보는 대장경판 만들기

판전은 똑같이 생긴 두 개의 건물로, 각각 수다라장과 법보전이란 이름으로 나란히 세워져 있어. 대장경판은 이 두 곳에『천자문』순서에 따라 5줄로 보관되어 있어. 장경판전은 통풍과 습도, 온도가 잘 조절되는 과학적 원리로 지어졌어. 마주 보는 벽에 있는 창문의 위치가 서로 다른데, 아래쪽 창에서 불어온 바람이 위쪽으로 나갈 수 있도록 한 거야. 이렇게 하면 바깥 공기와 실내 온도와의 차이를 5도 이내로 줄일 수 있거든.

장경판전은 1873년에 지은 정문을 제외하고 모두 흙벽으로 되어 있어. 흙벽에는 눈에 보이지 않는 작은 구멍이 있어서 공기가 쉽게 드나들 수 있어. 무더운 여름에는 온도를 낮추어 주고, 습도도 자연적으로 조절해 줘.

또 바닥에는 숯, 횟가루, 소금 등을 뿌려 놓았어. 숯은 굽는 과정에서 미세한 구멍들이 생기는데, 이 구멍은 나쁜 물질들만 쏙쏙 뽑아가. 세균과 악취를 제거할 뿐만 아니라 공기 중의 물기를 빨아들였다가 실내 공기가 건조해지면 다시 내뿜기도 해. 횟가루, 즉 석회는 시멘트의 원료로 물과 친한데, 습기가 많은 날에는 물기를 빨아들여. 소금은 수분을 흡수할 뿐만 아니라 또 세균을 죽이는 효능도 있지. 해충이 대장경판을 갉아먹기 위해 얼씨구나 하고 장경판전에 들어왔다가는 이들 삼총사 때문에 '나 살려라' 하고 도망갈 거야.

대장경판도 매우 훌륭하지만, 그것을 보존하려는 이러한 조상들의 창의적인 노력에도 우리 모두 박수를 보내자.

9

서양보다 200년이나 앞선

금속 활자

관련
교과

초등 사회 3-1 2단원. 우리가 알아보는 고장 이야기 | 3-2 2단원. 시대마다 다른 삶의 모습 |
4-1 2단원. 우리가 알아보는 지역의 역사 | 5-2 1단원. 옛사람들의 삶과 문화 |
6-2 1단원. 세계 여러 나라의 자연과 문화
초등 과학 3-1 2단원. 물질의 성질 | 3-2 4단원. 물질의 상태 | 4-1 5단원. 혼합물의 분리

13세기 서양

책 한 권을 탄생시키기 위해 그동안 얼마나 힘들었던가!

2년 전

꼬응~

1년 전

드디어 고생 끝이야!

현재

같은 시기 고려

무슨 책이 이리도 많아?

이게 다 금속 활자 덕분이 아닌가. 하하!

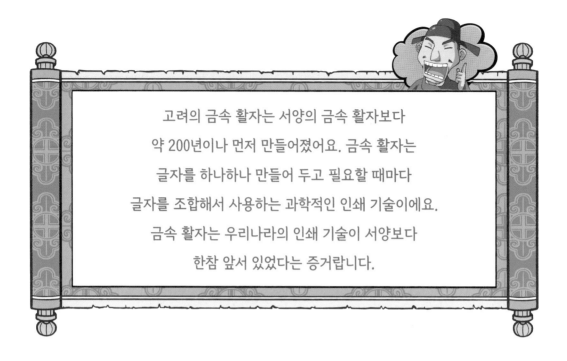

고려의 금속 활자는 서양의 금속 활자보다
약 200년이나 먼저 만들어졌어요. 금속 활자는
글자를 하나하나 만들어 두고 필요할 때마다
글자를 조합해서 사용하는 과학적인 인쇄 기술이에요.
금속 활자는 우리나라의 인쇄 기술이 서양보다
한참 앞서 있었다는 증거랍니다.

 ## 금속 활자를 만든 이유는 뭘까?

인쇄술이 발달하기 전까지는 사람이 손으로 일일이 글자를 베껴서 필요한 만큼 책을 만들어 냈어. 그래서 나무에 글자를 새겨 찍어 내는 목판 인쇄의 발명은 놀라운 일이었어.♣

금속 활자를 언제 누가 처음 만들었는지에 대해서는 기록이 남아 있지 않아서 알 수 없어. 그러나 금속 활자는 어느 날 갑자기 짠 하고 나타난 게 아니야. 신라의 『무구 정광 대다라니경』, 고려의 『보협인다라니경』, 『초조대장경』, 『팔만대장경』을 만들어 낸 목판 인쇄부터 시작됐다는 사실만큼은 분명해.

목판에 새긴 내용은 몇 번이고 다시 찍어 낼 수 있었기 때문에 책을 많이 만들 수 있었지. 하지만 목판 인쇄는 나무판에 직접 글자를 새기기 때문에 시간과 노력이 많이 들었어.

목판 하나에 모든 내용을 담을 수 없었기 때문에 책 한 권을 만들기 위해서는 무겁고 큰 목판이 여러 개가 필요했어. 게다가 중간에 글자를 잘못 새기면 처음부터 다시 새겨야 했고, 힘들게 새긴 목판으로는 한 종류의 책만 만들 수 있었지. 또 보관을 하기도 매우 어려웠어. 금이 가서 못 쓰게 되거나, 닳거나 휘어지고 썩거나 불에 탈 염려도 있었어.

이러한 단점을 보완하기 위해 활자♣가 개발됐어. 글자를 하나하나 만들어 두고 필요할 때마다 글자를 조합해서 책을 찍어 내는 방법을 생각해 낸 거야.

처음엔 활자를 나무로 만들었어. 하지만 나무 활자는 금세 닳아서 더욱더 튼튼한 재료로 활자를 만들어야 했어. 그것이 금속 활자야. 즉, 목판 인쇄가 나무 활자로 이어지고 나무 활자는 다시 금속 활자로 발전한 거지.

금속 활자는 오래 보관할 수 있고, 활자를 조합해 글자를 찍어 내므로 여러 종류의 책을 인쇄할 수 있어.

활자란 네모기둥 모양의 나무 또는 금속 윗면에 문자나 기호를 볼록 튀어나오게 새긴 것을 말해. 이처럼 활자를 조합하여 글자를 찍어 내는 인쇄 방법을 '활판 인쇄'라고 해.

금속 활자는 우리나라가 최초로 만들었어

『직지심체요절』이라는 책이 공개되기 전까지 세상 사람들은 독일의 구텐베르크가 만든 금속 활자를 최초로 알고 있었어. 하지만 이 책의 존재가 확인됨으로써 이보다 78년이나 앞서 우리나라에서 금속 활자를 만든 것이 증명됐지. 그리고 금속 활자로 찍어 낸 『상정고금예문』이라는 책이 있었다는 기록을 통해 고려의 금속 활자가 서양보다 약 200년이나 앞섰음이 밝혀졌어.

우리 금속 활자는 13세기에, 구텐베르크의 금속 활자는 15세기에 발명됐어. 이처럼 금속 활자가 만들어진 이유는 종교와 관련이 있어. 우리는 중국에서 불교와 유교가 들어오면서 그 경전을 널리 읽히려고 목판 활자와 금속 활자 인쇄술이 발달했어. 독일에서는 기독교의 교리를 전파하기 위해 금속 활자 인쇄술이 발달했지.

구텐베르크

독일인으로, 금속 활자를 만들어 서양의 인쇄술을 발전시켰다. 또 인쇄기를 발명하고 『구텐베르크 성서』를 출판했다. 『직지심체요절』은 1377년에, 『구텐베르크 성서』는 1455년에 인쇄가 됐다고 알려져 있다. 그래서 우리 금속 활자가 78년이 앞선다고 말한다. 『상정고금예문』은 1230년경에 간행된 것으로 추정된다.

반면, 기술적인 면에서는 뚜렷한 차이가 있어. 우리가 인쇄를 위해 사용한 종이는 닥나무 속껍질로 만든 한지야. 한지는 얇으면서도 매우 질긴 게 특징이지. 살짝만 힘을 줘도 인쇄가 잘되는 장점이 있어.

독일에서는 양가죽을 두드려 얇게 펴서 만든 양피지를 사용했어. 인쇄를 하려면 많은 힘을 가해야만 글자를 제대로 인쇄할 수 있었어. 그래서 활자를 고정하는 조판에 신경을 써야 했고, 활자가 강한 힘에 눌려도 부서지거나 깨지지 않도록 길게 만들어야 했지.

우리의 금속 활자
세계 최초의 금속 활자본 『직지심체요절』의 모형본이다.

서양의 금속 활자

혹시 우리의 금속 활자 기술이 서양에 전달된 것은 아닐까? 아직까지 직접적인 증거가 발견되지는 않았지만, 당시에 활자를 만든다는 것은 보통 어려운 일이 아니었기에 불가능하다고는 볼 수 없어.

종이 만드는 법과 목판 인쇄술이 중국에서 유럽으로 전해졌다는 기록이 있는 것으로 보아, 우리나라에서 중국으로 전파된 금속 활자 기술이 유럽에까지 전파됐을 가능성도 있어.

중국은 우리에게 목판 인쇄술을 전해 주었지만 금속 활자를 사용한 건 1490년부터야. 우리나라보다 100여 년이나 뒤졌어. 일본은 임진왜란 때 조선에서 약탈해 간 금속 활자를 이용해 1593년부터 책을 찍어 냈어.

『직지심체요절』의 발견

유네스코가 1972년을 '세계 도서의 해'로 선포한 후, 유네스코 본부가 있는 프랑스 파리의 여러 기관에서는 이를 기념하기 위해 여러 가지 행사를 개최했어. 프랑스 국립도서관에서는 도서관이 소장하고 있는 세계 각국의 오래된 책들을 전시했지.

이때 『직지심체요절』이 세상에 첫 선을 보였어. 중국의 고서들 속에 섞여 있던 이 책을 당시 도서관 연구원으로 일하고 있던 한 한국인이 발견했어. 박병선* 박사가 이 책의 맨 뒷장에서 1377년 청주 흥덕사에서 금속 활자로 인쇄했다는 기록을 본 거야. 하지만 이 기록만으로는 유럽 사람들에게 『직지심체요절』이 금속 활자로 간행된 책임을 증명하기가 어려웠어.

그래서 지우개와 무를 이용해 직접 활자를 만들어 활자와 목판본의 차이를 설명해 보였어. 납으로 활자를 만드는 노력도 아끼지 않았지. 목판본은 글자가 고정되어 있어 나란히 찍히지만, 금속 활자는 글자가 움직이기 때문에 나란히 찍히지 않는다는 차이점을 보여 주고자 한 거야.

고정된 목판이 아니라 활자로 인쇄했다면, 활자가 나무인지 금속인지도 증명해야 했어. 박병선 박사는 이 책을 찍어 낸 활자가 금속이라는 사실을 어떻게 증명해 보였

박병선 박사는 1972년 『직지심체요절』에 이어 1975년 『외규장각의궤』를 발견했어. 『외규장각의궤』는 프랑스가 1866년 병인양요 때 약탈해 간 거야. 다행인 것은 박병선 박사가 『외규장각의궤』의 내용을 정리해 반환의 기틀을 마련한 덕분에 2011년 6월 프랑스 정부로부터 대여 형태로 297권을 145년 만에 돌려받을 수 있었어.

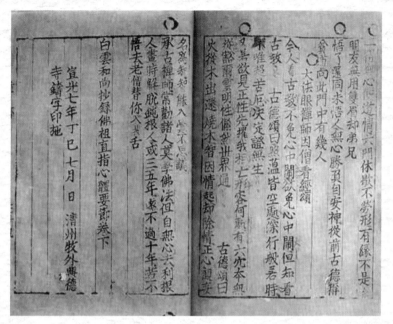

『직지심체요절』

1377년 청주 흥덕사에서 백운 화상의 문하생인 석찬과 달담이 비구니 묘덕의 도움을 받아 금속 활자로 인쇄한 책이다. 이 책은 상·하 두 권으로 되어 있는데, 그중 하권이 프랑스로 건너갔다.

충청북도 청주시에 있는 흥덕사 터

통일 신라 시대의 절인 흥덕사가 있었던 곳이다. 세계에서 가장 오래된 금속 활자본인 『직지심체요절』을 찍은 곳으로 유명하다.

을까?

나무로 활자를 만들면 나무의 결이 나타나지만, 금속 활자는 결이 없어. 또 나무 활자로 찍은 것을 보면 글자를 새긴 칼자국이 보이지만, 금속 활자는 활자의 가장자리에 붙은 금속 찌꺼기가 나타나지.

이와 같은 방법으로 박병선 박사는 『직지심체요절』이 금속 활자로 찍은 책임을 증명해 보였어.

『직지심체요절』은 현재 프랑스 국립도서관의 귀중한 책으로 분류되어 금고에 보관되어 있어. 안타깝게도 이 책은 한동안 그 중요성을 인정받지 못했어. 한국에서 간행되기는 했지만, 이 책을 소유한 나라가 프랑스였기 때문이야. 게다가 한때 우리나라 국사 교과서에는 '직지심경'이라고 잘못 기재되어 많은 학생이 이 책에 대해 제대로 배우지 못했어.

그런데 1985년 이 책을 간행한 흥덕사 터가 발굴되면서 『직지심체요절』의 존재가 다시 관심을 받게 된 거야. 이에 흥덕사 터가 있는 청주시는 우리나라가 금속 활자 발명국이라는 사실과 이 책의 중요성을 알리기 위해 많은 노력을 기울였어. 그 결과 2001년에 『직지심체요절』을 유네스코 세계 기록 유산으로 등재하는 쾌거를 올렸단다. 2018년부터는 세계 유명 출판사가 만드는 역사 교과서, 미국의 유명 교육 사이트, 백과사전, 프랑스 박물관, 영국 국립 도서관 등에 'Jikji(직지)'로 소개되고 있단다.

과학적인 금속 활자 만들기 방법

우리 조상들은 금속을 다루는 기술이 뛰어났어. 2000년 전에는 청동을 녹여 범종이나 불상을 만들기도 했지. 고려 시대의 금속 활자 만드는 법은 현재까지 정확히 전하는 기록이 남아 있지 않아 자세히 알 길은 없지만, 다행히 조선의 주조 기술은 남아 있어. '주조'란 녹인 쇠붙이를 거푸집(모양대로 속이 비어 있어 쇠붙이를 녹여 부울 수 있도록 만든 틀)에 부어 물건을 만드는 것을 말해.

밀랍으로 만든 금속 활자

고려 말 청주 흥덕사에서 만든 금속 활자는 밀랍을 이용해서 만들었어. 밀랍은 꿀벌이 벌집을 만들기 위해 분비하는 물질이야. 섭씨 60도가 넘으면 녹아서 액체가 되지. 밀랍으로 만든 '어미자(납을 부어 활자를 만들 수 있도록 원하는 글자 모양대로 새긴 나무판)'는 틀을 구울 때 녹아 없어지므로 다시 사용할 수가 없어.

① 활자 하나 크기의 밀랍에 글자를 새겨.

② 뜨거운 쇳물에도 견딜 수 있도록 흙과 찰흙을 섞어 만든 것으로 밀랍 표면을 덮어 싸서 틀을 만들고 구워.

③ 완성된 틀에 녹인 쇳물을 부어. 밀랍이 녹아서 생긴 공간에 쇳물이 들어가.

④ 쇳물이 식은 다음, 흙으로 만든 틀을 깨고 활자를 꺼내어 줄로 깎고 다듬어서 완성해.

조선 시대 활자 주조 과정

① 한쪽 거푸집에 갯벌에서 채취한 고운 흙을 판판하게 깔아.

② 나무에 새긴 어미자를 거푸집에 깐 흙에 하나하나 박아.

③ 나무 활자 사이사이에 가지쇠를 박아서 쇳물이 흘러가는 길을 만들어.

④ 반대쪽 거푸집을 덮어 자국을 낸 다음, 어미자와 가지쇠를 빼내. 그러면 거푸집 속 흙에 어미자와 가지쇠 모양대로 자국만 남아.

⑤ 다시 거푸집을 덮어서 위쪽에 난 구멍으로 녹인 쇳물을 부어. 녹인 쇳물은 가지쇠로 낸 길을 따라 글자 자국으로 흘러 들어가지.

⑥ 쇳물이 식어서 굳으면 거푸집을 떼어 내고 가지쇠를 들어내. 그러면 가지쇠에 달린 활자들도 함께 딸려 나와.

⑦ 가지쇠에 매달린 글자들을 하나씩 떼어 내서 줄로 깎고 다듬어서 깨끗하게 손질하면 활자가 완성돼.

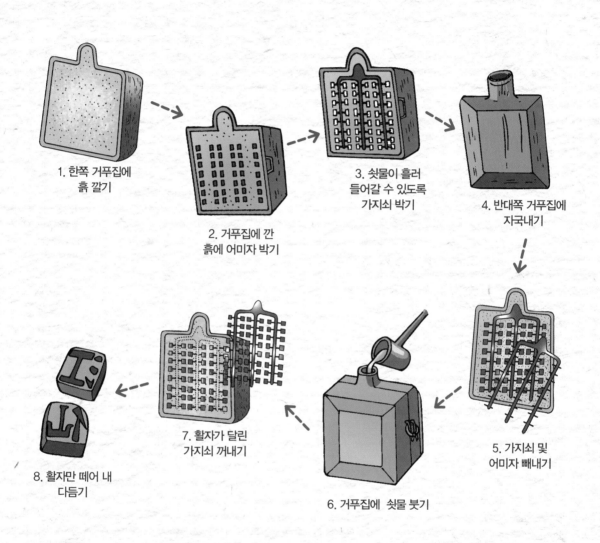

1. 한쪽 거푸집에
흙 깔기

2. 거푸집에 간
흙에 어미자 박기

3. 쇳물이 흘러
들어갈 수 있도록
가지쇠 박기

4. 반대쪽 거푸집에
자국내기

5. 가지쇠 및
어미자 빼내기

6. 거푸집에 쇳물 붓기

7. 활자가 달린
가지쇠 꺼내기

8. 활자만 떼어 내
다듬기

그림으로 보는 조선 시대 활자 주조 과정

1000년이 넘는 보존성의 비밀

한지

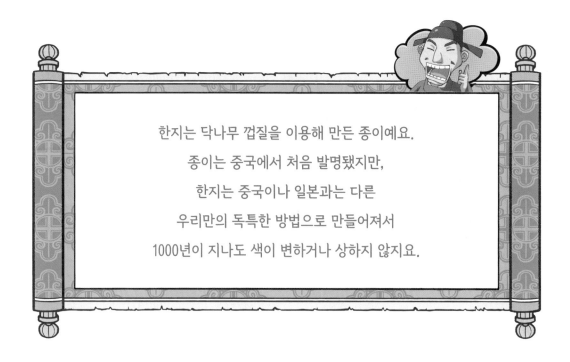

한지는 닥나무 껍질을 이용해 만든 종이예요.

종이는 중국에서 처음 발명됐지만,

한지는 중국이나 일본과는 다른

우리만의 독특한 방법으로 만들어져서

1000년이 지나도 색이 변하거나 상하지 않지요.

 ## 우리나라는 언제부터 종이를 만들었을까?

기원전인 중국의 전한 시대에 발명된 종이는 105년 후한의 채륜이 낡고 해져서 입지 못하게 된 옷, 나무껍질, 삼베 등으로 채후지라는 종이를 만들면서 널리 알려졌어. 채후지는 삼베로 만든 것보다 질이 좋은 종이야.

중국에서 시작된 제지술의 발달은 중국의 문물과 함께 우리나라에 전해져 큰 영향을 미쳤지만, 언제 누구에 의해 어떻게 전해졌는지는 정확히 밝혀지지 않고 있어. 다만 285년에 백제의 왕인 박사가 『논어』와 『천자문』을, 610년에 고구려의 담징이 일본에 종이를 전했다는 기록으로 미루어 보아 삼국 시대에 들어왔을 것으로 짐작할 뿐이야.

신라 때 만든 『무구 정광 대다라니경』은 닥종이로 되어 있는데, 종이의 질과 인쇄술이 매우 정교해서 세계 최고의 걸작으로 인정받고 있어. 또 현재 우리나라에 남아 있는 가장 오래된 종이로 알려져 있지.

중국은 종이의 재료를 맷돌로 갈아서 만드는 반면, 신라의 닥종이는 긴 섬유를 두드려 물에 넣고 짓이기는 방법으로 만들어졌어. 그래서 종이의 질이 균일하고 매우 질긴 게 특징이지. 삼국 시대에 이미 종이 만드는 기술이 상당했음을 알 수 있어.

한지의 쓰임은 매우 다양해

한지의 재료인 닥나무는 섬유 길이가 길고 질기며, 윤기와 탄력이 있어. 그래서 닥나무로 종이를 만들면 표면이 매끄러워서 글씨 쓰기가 좋아. 1000년이 넘는 세월에도 부서지거나 찢어지지 않을 만큼 질기지. 또 적당히 수분을 내뿜고 빨아들이는 조절

한지의 다양한 쓰임

능력이 우수하고 공기도 잘 통해서 생활 곳곳에 쓰이지 않는 데가 거의 없을 정도야.

한지는 글을 쓰는 종이를 비롯해 붓 등을 담아 두는 필통, 책, 문에 바르는 창호지, 바닥에 까는 장판지, 벽지, 어둠을 밝히는 등, 물건을 담아 두는 함과 궤, 부채, 의식용 도구, 옷장, 쟁반, 인형, 옷 등을 만드는 데 사용했어. 그리고 기름을 먹여 우산이나 삿갓을 만들었고, 아교라는 풀을 발라 두껍게 만든 후 갑옷을 만들어 입기도 했어.

또 쪽과 치자, 홍화 같은 천연 염료와도 잘 어울려서 아름다운 자연의 색감을 뽐내면서도 벌레와 세균도 쫓아낼 만큼 그 기능이 대단해.

한지의 종류는 재료에 따라, 쓰임새에 따라, 형태에 따라 대략 60종이 넘어.

 닥나무로 어떻게 종이를 만들까?

한지를 만드는 일은 재료가 되는 닥나무 가지 베기부터 종이가 되는 순간까지 매우 복잡한 과정을 거쳐야 해. 정성과 끈기로 많은 손질이 필요하지. 한지는 크게 8가지 과정을 거쳐서 만들어져.

① 닥나무 가지 베어 찌기

보통 11월에서 이듬해 2월 정도까지 닥나무 가지를 채취해. 조선 시대에는 주로 농사일이 바쁘지 않은 농한기를 이용해 한지를 만들었다고 해.

닥나무 가지는 자란 지 1년이 된 것들을 사용해. 이때가 닥나무 껍질에 섬유질이 만들어지고 수분도 적당해서 껍질을 벗기기가 쉽기 때문이지. 베어 낸 가지는 간추려 다발로 묶어 가마솥에 세워 놓고 2～3시간 정도 쪄내.

② 닥 껍질 벗기기

닥나무 가지가 다 쪄지면 껍질을 벗겨내. 벗긴 껍질을 하룻밤 찬물에 담가 불렸다가 나무판에 놓고 닥칼로 일일이 긁어 내야 하지. 이때 검은 부분은 버리고 하얀 부분만 모아 맑은 물로 깨끗이 씻어 말려. 이것을 '백피'라고 해.

③ 닥 껍질 삶기

백피를 콩대, 메밀대, 목화대, 고춧대 등을 태워 얻은 재로 만든 잿물에 넣고 2～3시간 정도 푹 삶아. 이때 잿물은 색을 없애는 표백제 역할을 해.

④ 닥 씻기와 햇볕 쐬기

잿물에 잘 삶아진 백피를 흐르는 맑은 물에 여러 번 헹군 후 2～3일 정도 물에 담가 둬. 이때 햇볕을 쐬면 더욱 하얗게 돼. 2～3일이 지난 후 백피를 걷어 올려 잡티를 골라내. 온종일 잡티를 골라내도 얻을 수 있는 깨끗한 닥은 얼마 되지 않는다고해. 그래서 가장 시간이 많이 걸리는 과정이기도 해.

⑤ 닥 두드리기

백피를 판이나 편평한 돌 위에 올려놓고 나무 방망이로 두들기는 거야. 2～3시간 계속 두드리면 섬유질이 물에 잘 풀어지는 상태가 돼. 이때 백피는 솜털처럼 보일 때까지 두들겨야 해. 닥나무 섬유질은 두드릴수록 질겨지고 부드러워지거든.

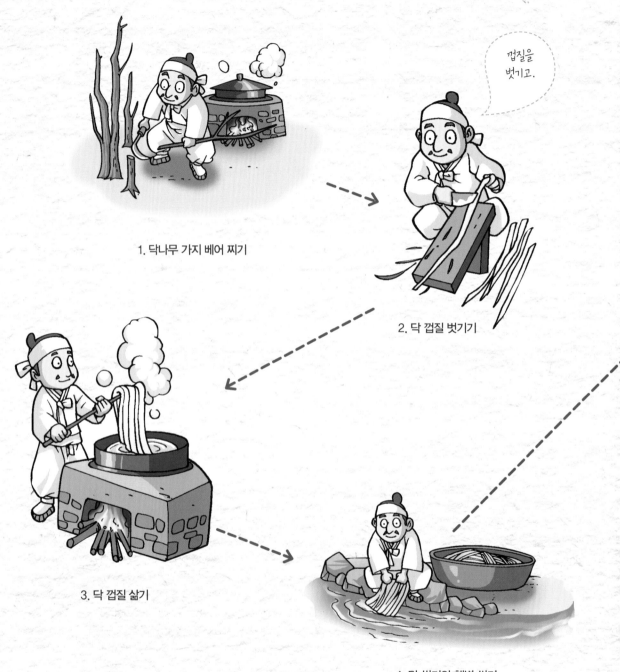

껍질을
벗기고.

1. 닥나무 가지 베어 찌기

2. 닥 껍질 벗기기

3. 닥 껍질 삶기

4. 닥 씻기와 햇볕 쐬기

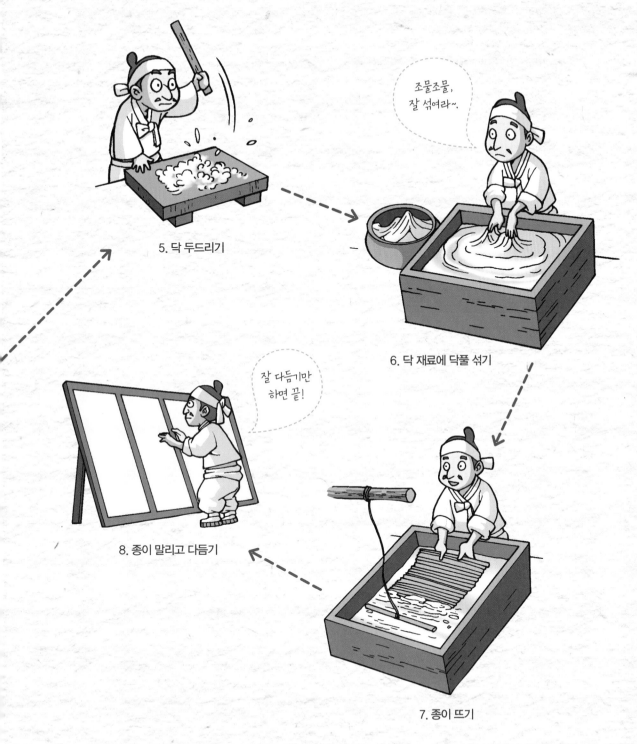

5. 닥 두드리기

조물조물, 잘 섞여라~.

6. 닥 재료에 닥풀 섞기

잘 다듬기만 하면 끝!

8. 종이 말리고 다듬기

7. 종이 뜨기

그림으로 보는 한지 만들기

⑥ 닥 재료에 닥풀 섞기

느릅나무 즙이나 황촉규라는 식물의 뿌리에서 나오는 즙을 물에 담가 닥풀로 쓰는데, 이것이 닥섬유를 잘 퍼뜨리면서도 서로 결합시켜 종이가 되게 해.

⑦ 종이 뜨기

대나무를 아주 잘게 떠서 만든 발로 종이를 뜨는 거야. 이렇게 발로 뜨는 방법을 '외발뜨기'라고 해. 오늘날에는 상자에 가두어서 뜨는 '쌍발뜨기'를 해.

⑧ 종이 말리고 다듬기

뜬 종이는 판 위에 차곡차곡 쌓아 올린 다음 돌로 하룻밤 동안 눌러서 물기를 빼야 해. 물기를 뺀 후에는 1장씩 나무판에 붙인 후 햇볕에 말려. 필요에 따라 말린 한지를 두들기기도 하는데, 이렇게 하면 얇으면서도 매끈한 종이를 얻을 수 있어.

 한지로 배우는 산성과 염기성

한지는 우리 땅에서 자란 섬유 원료를 우리의 기술을 이용해 하나하나 손으로 뜬 종이야. 종이를 발명한 것은 중국이지만, 오히려 종이를 중국에 수출했을 정도로 우리 조상들의 제지술은 중국을 능가했어.

섬유질

'섬유'란 생물체의 몸을 이루는 가늘고 긴 실 모양의 물질로, 일정한 방향으로 길게 뻗어 있어. 대개 식물은 섬유질로 되어 있어. 한지는 식물 섬유로 만들기 때문에 긴 실 모양 사이로 공간이 있단다. 이 공간으로 공기와 햇빛을 통과시키고, 수분을 저장하기도 해.

이러한 장점들 덕분에 한지로 물건을 보관하는 통을 만들 경우, 자체적으로 환기가 되므로 통 안에 보관해 둔 물건이 잘 상하지 않아. 한지로 옷을 만들어 입을 경우에는 통풍과 땀 흡수가 잘돼 아토피 같은 피부 질환이 생길 염려가 없고 땀 냄새 걱정도 없어.

1000년이 넘는 한지의 보존성

신라 때 발간된 『무구 정광 대다라니경』은 1200여 년, 고려 때 발간된 『직지심체요절』은 600여 년의 역사를 가졌어. 오랜 세월에도 부서지거나 찢어지지 않고 잘 보존되어 왔지. 우리가 쓰는 종이의 최대 보존 기간이 200년 정도라고 할 때, 한지는 1000년이 넘어도 원래 상태를 유지하고 있어.

우리가 흔히 쓰는 종이는 로진이라는 약품과 황산알루미늄을 사용하기 때문에 강한 산성(pH4~5.5)을 띠므로 세월이 지남에 따라 서서히 붉게 변하다가 삭아서 부서지고 말아.

반면에 전통 한지는 질긴 닥섬유에 잿물을 사용하기 때문에 더 질겨져. 잿물의 산화칼슘 성분이 한지를 pH 7.0 이상의 약알칼리성으로 만들기 때문에 세월이 갈수록 결이 고와지고 색이 변하지 않아.

여기서 '산성'이란 어떤 물질이 물에 녹았을 때 수소이온을 내놓는 성질을 말하고, '염기성'이란 수산화이온을 내놓는 성질을 말해.

산성은 김치, 레몬, 오렌지, 식초처럼 신맛이 나는 특성이 있어. 그리고 염산, 황산, 질산 같은 강한 산성은 피부에 닿으면 화상을 입고 옷을 태우므로 조심스럽게 다뤄야 해.

산성의 반대 성질을 가진 염기성은 쓴맛이 나고 단백질을 녹여. 그래서 비누, 샴푸 같은 세정제의 품질 표시를 살펴보면 어김없이 염기성 물질이 들어 있어.

수소이온을 포함하는 산과 수산화이온을 포함하는 염기가 1 : 1로 만나면 산성도 염기성도 아닌 물이 만들어져. 이렇게 산과 염기가 만나 물이 만들어지는 것을 '중화 반응'이라 해. 비린내가 나는 생선(알칼리성)에 산성인 레몬을 뿌리면 비린 냄새가 덜 나는 것도, 산성인 위액이 많이 분비되어 속이 쓰릴 때 제산제(염기성)를 먹는 것도 중화 반응이야.

산과 염기[*]는 강도가 높을수록 해로운 물질인 경우가 많아. 반면 중성을 띠는 물 (pH 7)은 맛도 냄새도 없는 안전한 물질이라고 할 수 있어.

한지는 약한 염기성을 띠기는 하지만 거의 중성에 가까우므로 색과 성질이 변하지 않아 오래 보존될 수 있는 거야.

산과 염기의 강하고 약한 정도를 pH로 나타내고 '페하'라고 읽어. pH는 물에 녹아 있는 수소 이온의 농도를 나타내. pH 7은 '중성', pH가 7보다 작을 때는 '산성', 7보다 클 때는 '염기성'이라고 해. 알칼리는 염기성 중에서 물에 잘 녹는 물질을 말한단다.

또한 종이를 뜨기 전에 섞는 닥풀은 닥나무 섬유를 잘 퍼뜨려 종이를 균일하면서도 얇게 뜰 수 있게 해. 닥풀의 끈적끈적한 성분은 섬유끼리 잘 붙게 해주어 종이의 강도를 높이고, 겹쳐 놓은 젖은 종이가 서로 붙지 않게 해준단다.

이렇듯 한지는 잿물로 약알칼리 성질을 띠게 되고, 닥풀의 끈적끈적한 성분으로 강도가 높아졌기 때문에 1000년이 지나도 보존될 수 있는 거야.

작용 · 반작용의 원리로 만든

주화와 신기전

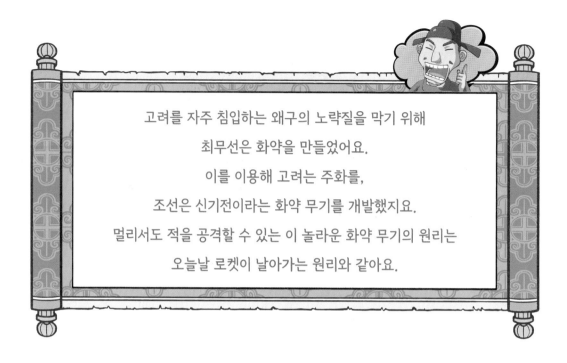

고려를 자주 침입하는 왜구의 노략질을 막기 위해
최무선은 화약을 만들었어요.
이를 이용해 고려는 주화를,
조선은 신기전이라는 화약 무기를 개발했지요.
멀리서도 적을 공격할 수 있는 이 놀라운 화약 무기의 원리는
오늘날 로켓이 날아가는 원리와 같아요.

 화약은 왜 만들었을까?

팡팡! 색색의 불꽃을 피우며 밤하늘을 수놓는 폭죽은 1년의 마지막 날 잡귀를 쫓기 위해 대나무에 불을 붙여 태우던 풍속에서 시작됐어. 화약이 발명된 후에는 이를 이용해 폭음을 내고 화사한 불빛 쇼도 감상할 수 있게 됐지.

이렇듯 화약은 집 안에 있던 잡귀들을 놀라게 해 쫓아내고 신성하게 새해를 맞이하기 위한 하나의 도구였어. 하지만 화약의 폭발성에 관심을 갖게 된 사람들은 이것을 무기로 사용했지.

최무선이 화약을 개발하던 때는 왜구의 노략질이 극에 달했었어. 1300년대 일본은 정권이 교체되면서 왕조가 남북으로 갈라져 서로 싸우는 혼란한 시대였지. 백성

들의 생활은 극심한 곤궁에 빠지게 됐어. 매일같이 전쟁이 벌어지다 보니 피난 가기에 바빴고, 점점 농사지을 사람들도 부족해졌어. 결국 식량이 부족했던 일본 사람들은 고려를 침입해 바다나 강 가까운 곳에 있는 마을을 초토화시켰어. 먹을 것을 빼앗고 집을 불태우고, 심지어 사람을 해치기까지 했어.

어릴 적부터 줄곧 왜구의 노략질을 지켜봐 왔던 최무선은 화약을 개발해 왜구를 물리치겠다고 마음먹었어. 화약 연구에 몰두한 끝에 1373년, 마침내 우리나라 역사상 최초로 화약을 개발했어.

또 최무선은 화약 무기*를 생산하고 관리하는 국가 기관인 화통도감의 설치도 건의했어. 그리고 화통도감의 책임자로서 주화와 함께 대장군포 같은 화약 무기를 개발했어.

화약은 어떻게 만들어질까?

최무선이 개발한 화약은 초석이라 불리는 질산칼륨과 황, 숯가루를 섞어 만든 검은색 또는 갈색빛이 도는 폭약이야. 폭발력이 약하고 연기가 나기 때문에 주로 불꽃

> **잠깐!**
>
> 『세조실록』에 따르면, 우리나라에서 **화약 무기**가 처음으로 사용된 때는 신라 시대였어. 그때만 해도 화약을 만들 수 있는 나라는 중국뿐이었기 때문에 수입을 해야 했어. 이후 고려 때 최무선이 화약을 개발해 본격적으로 화약 무기를 만들어 사용할 수 있었어.

흑색 화약

놀이에 사용되거나 엽총의 탄약으로 쓰이지.

흑색 화약은 취토와 취회, 사수, 예초, 자초, 도침의 순서로 만들어. 취토란 초석의 원재료인 흙을 구하는 과정을 뜻하는데, 주로 오래된 초가집의 처마 밑이나 화장실 부근에서 구했어. 마루 밑이나 아궁이의 오래된 먼지흙과 재를 우려낸 물을 증발시켜서 만들기도 했지. 취회란 재를 구하는 과정으로, 쌀이나 보리 등을 태운 곡식재를 사용했어. 사수란 초석과 재를 섞어서 물에 녹이는 과정을 말해. 이때 초석과 재를 1 : 1로 섞어야 하지. 예초란 불순물이 섞인 초석을 맑은 물에 가라앉혀 모초라고 하는 덩어리들을 만들어 내는 과정이야. 그런 다음 모석을 이용해 순수한 초석을 얻어 내는 자초 과정을 거치지.

마지막 도침 과정은 순수한 초석과 황, 숯가루를 섞는 것을 말해. 이때 적절한 비율로 잘 섞어야만 효과적으로 폭발력을 얻을 수 있어.

화약을 이용한 로켓, 주화

주화는 병사들이 말 위에서 활 대신 사용한 로켓 무기야. 화살이 보통 100~150미터를 날아가는 데 비해 주화는 250~280미터를 날아가지. 약통 안에 채운 화약이 타 들어가면서 내부의 빈 공간에 가스를 발생시키는데, 그 가스가 구멍을 통해 빠져나가는 힘으로 멀리 날아가도록 하는 거야.

주화는 초석지(질산칼륨을 묻힌 종이)로 만든 불씨를 가지고 다니다가 심지에 불을 붙여 대나무통에 넣어 멀리 있는 적을 공격하거나 적에게 쫓길 때 쏘곤 했어.

주화는 힘들여 활시위를 당길 필요가 없었기 때문에 병사들이 지쳤을 때 편리하게 사용했어. 목표물을 정확히 맞히기는 어려웠지만, 큰 소리와 연기 그리고 불꽃에 놀라 적들이 항복하지 않을 수가 없었다고 해.

주화는 신기전으로 발전했어

조선 시대에 화약 기술이 발전하면서 고려의 주화는 새롭게 탈바꿈했어. 이름하여 '신기전'이야. 이 새 무기는 주화에 폭탄과 같은 발화통을 연결한 것으로 1킬로미터 이상 멀리 떨어진 적을 공격할 수 있었대.

신기전의 심지에 불을 붙이면 1차로 약통에 든 화약에 불이 붙어 그 힘으로 목표 지점에 도달하고, 그때 발화통에 불이 붙어 2차로 화약이 폭발해.

후에 신기전은 수레에 장착한 발사대에서 그 위력을 뽐냈어. 이를 불로 적을 공격하는 수레라고 해서 '화차'라고 해. 화차는 부속품만 300가지가 넘을 만큼 정교하게 만들어졌어.

신기전을 쏘기 위한 화차는 '신기전기'라고 해. 신기전기는 화차의 수레 위에 둥근 구멍이 뚫린 나무통 100개를 나무상자 속에 7층으로 쌓은 거야. 제일 아래층에는 10개를, 두 번째 층부터 일곱 번째 층까지는 15개씩 쌓아 이 구멍 속에 중·소신기전 100개를 꽂아 사용했어. 화차 수레의 발사 각도를 조절한 뒤, 신기전 약통에 부착된 점화선들을 한데 모아 불을 붙이면 점화선이 각기 타들어가면서 위에서부터 아

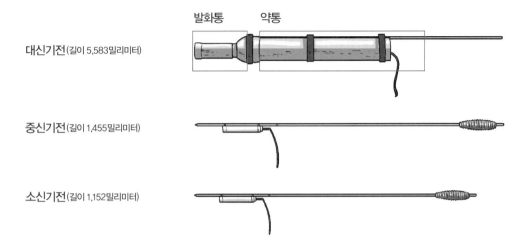

대신기전(길이 5,583밀리미터)

발화통 약통

중신기전(길이 1,455밀리미터)

소신기전(길이 1,152밀리미터)

래로 차례차례 발사되도록 만들었어. 그 위력은 당시에는 상상도 할 수 없을 만큼 대단했어.

화차는 임진왜란 당시 행주산성 전투에서 진면목을 보여 주었어. 행주산성은 서울로 들어가는 길목으로 전략상 매우 중요한 곳이었거든. 1593년 2월 12일 왜군 3만 명은 젖 먹던 힘까지 짜내어 행주산성을 공략하기 시작했지. 왜군의 13분의 1밖에 안 되는 2,300명의 조선 군사들은 성벽도 없는 그곳에서 왜군과 맞서 싸워야 했어.

이때 신기전기와 더불어 조선의 화약 무기가 총동원됐어. 조선 군사들은 12시간 동안 조총을 든 왜군을 상대로 치열하게 싸웠어. 왜군 1만 명이 부상을 당하거나 죽고, 무기 720점을 빼앗았어.

당시 행주 대첩을 지휘했던 권율 장군이 "행주산성의 승리는 우리가 화차를 가지고 있었기 때문이다."라고 했을 만큼 총과 칼 앞에서는 대단한 신무기였어.

이렇듯 조선의 화약 무기는 고려의 뛰어난 과학 기술을 이어받아 각종 전투에서 큰 성과를 거두었어.

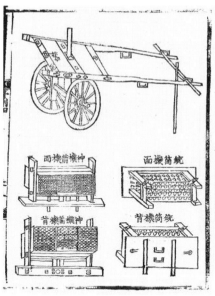

복원된 화차 | 16세기 화차 조립도

 ## 주화와 신기전으로 배우는 로켓의 원리

고려와 조선 시대에는 전투가 벌어지면 주로 화살로 공격하고, 마지막에는 칼과 창으로 직접 맞붙어 싸워야 했어. 바다에서는 적의 배에 가까이 가서 뱃머리를 부딪쳐 싸워야 했지. 그러나 화약 무기가 발명되고 발전하면서 멀리서도 적을 공격할 수 있게 됐어.

주화가 멀리 날아가는 힘(추진력)

주화는 화약이 터지는 힘으로 멀리 날아가는데, 오늘날 로켓이 발사되는 원리와

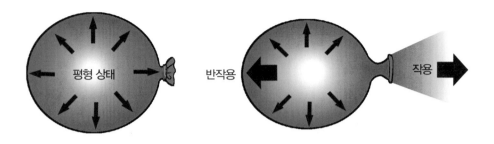

풍선에 공기를 불어 넣으면 풍선 속에 든 기체가 좁은 입구를 통해 서로 빠져나오려고 한다. 막았던 입구를 열면 이 힘이 추진력이 되어 멀리 날아간다.

같아.

주화의 화약통 안에는 화약이 잘 탈 수 있도록 빈 공간을 만들어 줘야 해. 약통 안에 든 화약이 타들어가면서 내부 공간에 압력이 높은 기체(가스)를 발생시키는데, 이 가스가 약통의 구멍을 통해 빠져나가는 힘(작용♣)으로 날아가는 거야(반작용♣).

이는 풍선을 불었다가 손을 놓으면 멀리 날아가는 것과 같아. 풍선 속에 든 기체(공기)는 우리 눈에 보이지는 않지만, 좁은 입구를 통해 빠져나오려고 서로 밀고 있어. 그 힘이 모여 풍선을 날리는 추진력이 되는 셈이지.

로켓의 경우에는 고체나 액체로 된 연료가 아주 빠른 속도로 타면서 엄청난 양의 기체를 만들어 내는데, 이 기체가 밖으로 한꺼번에 쏟아져 나오면서 추진력을 얻어

작용·반작용의 법칙은 어떤 물체가 다른 물체에 힘을 주면, 힘을 가한 물체도 다른 물체에게서 같은 크기의 힘을 받는 것을 말해. 예를 들어 내가 친구의 등을 밀면 그만큼 나도 힘을 받아 뒤로 기우뚱하거나 넘어지게 되잖아. 당장 옆에 친구가 없다면 벽이라도 한번 밀어 봐. 물론 다치지 않게 말이야. 힘을 주어 손으로 벽을 밀면 살짝 내 몸이 뒤로 밀리는 것을 느낄 수 있어.

지구의 대기권 밖으로 날아갈 수 있는 거야.♣

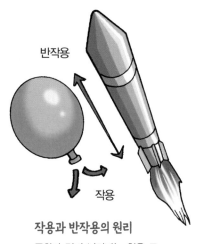

반작용

작용

작용과 반작용의 원리
주화가 멀리 날아가는 힘은 로켓이 날아가는 원리와 같다.

크기가 작은 주화의 약통 구멍의 크기는 1푼 3리로 오늘날 단위로 표시하면 약 4밀리미터야. 눈으로 구별하기 어려울 정도로 아주 미미한 차이가 생겨도 주화를 원하는 곳으로 날릴 수 없어. 구멍이 크면 얼마 날아가지 못하고, 구멍이 작으면 가스가 빠져나오지 못해 통이 허공에서 뻥 하고 터지거든.

주화가 멀리 날아가는 힘[약통의 재질]

주화가 화약으로 멀리 날아갈 수 있는 힘을 얻었다 해도 주화를 만드는 재료가 무겁다면 그 힘을 반도 쓰지 못하고 땅에 떨어지고 말 거야. 그래서 주화와 신기전은 가벼운 대나무통에 종이로 만든 약통으로 되어 있어.

특히 약통은 화약을 넣어 태우기 때문에 불에 타지 않으면서도 순식간에 높아진 가스의 압력을 견뎌 내야 해. 약통 속의 화약이 불에 타면 그 안의 온도는 거의 섭씨 1,000도나 돼. 그런데 왜 불에 잘 타고 쉽게 찢어지는 종이를 사용한 것일까? 게다가 그 종이는 왜 타지 않는 것일까?

로켓이 발사될 때 발사대에서 뿜어져 나오는 하얀 연기는 로켓 연료가 타면서 만들어진 기체가 아니야. 로켓 연료가 타면서 3,400도나 되는 불꽃을 내뿜는데, 이때 로켓의 엔진을 보호하기 위해 지하에서 물을 뿌려. 물이 뜨거운 열과 만나 기체인 수증기가 된 거란다.

발사 각도를 조절해 신기전이 도달하는 거리를 늘리거나 줄일 수 있었다.

약통에 쓰이는 종이는 닥나무로 만든 한지야. 전자현미경으로 살펴보면 마치 철로 만든 뼈대들이 얽혀 있는 것 같지. 실제로 약통을 한지로 만든 주화로 실험한 결과, 약통은 안쪽에만 불에 탄 자국이 있을 뿐 겉에는 별 영향이 없었어. 주화가 날아가는 동안 모양은 그대로 유지하면서 약통 안은 화약이 타면서 발생한 가스로 가득 차게 돼. 그리고 그 가스가 작은 구멍으로 빠져나가면서 추진력을 얻게 되는 거야.

화차의 모양

보통 수레는 바퀴의 축 위에 바로 설치해. 그러나 화차는 바퀴의 반지름만큼 더 높은 곳에 설치되지. 이는 손잡이로 높낮이를 조절하여 발사 각도를 맞춰 어느 곳에 적이 있든 원하는 대로 신기전을 쏘기 위해서라고 해.

신기전과 신기전기는 오늘날 다연장로켓포인 '천무'로 이어졌어. 2009년부터

2013년 개발이 완료된 무기로, 트럭에서 12발을 동시에 발사해. 약통과 발화통을 매단 화살이 로켓포로, 수레가 트럭으로 바뀌었지만 신기전과 신기전기의 DNA는 여전히 남아 있어.

빛과 물의 성질을 이용한

앙부일구와 자격루

부르셨습니까, 전하?

앙부일구와 자격루 덕분에 백성들의 삶이 더 나아졌는지 보고 오자꾸나.

이 영감탱이, 또 축시가 넘어 들어왔지?

아이고!

이놈, 또 지각이구나.

으앙, 도대체 누가 시계를 만든 거야?

시간을 확실히 알게 되니 여러모로 지켜야 할 게 많아졌구나.

그, 그렇습니다. 전하!

벌써 오시군. 오시는 해가 높을 때니 잠시 쉬세.

날짜를 보니 다음 달부터 장마로군.

날짜를 정확히 알 수 있으니 농사짓기 참 좋네.

그렇고 말고.

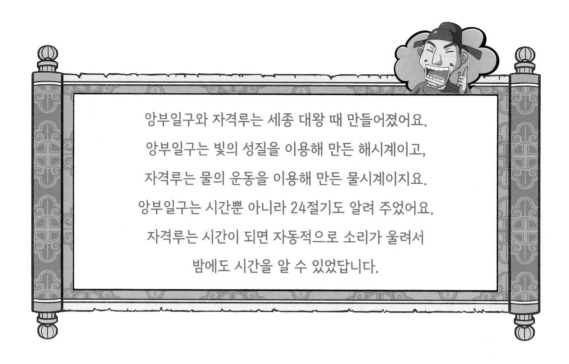

앙부일구와 자격루는 세종 대왕 때 만들어졌어요.
앙부일구는 빛의 성질을 이용해 만든 해시계이고,
자격루는 물의 운동을 이용해 만든 물시계이지요.
앙부일구는 시간뿐 아니라 24절기도 알려 주었어요.
자격루는 시간이 되면 자동적으로 소리가 울려서
밤에도 시간을 알 수 있었답니다.

가마솥 모양의 해시계, 앙부일구

앙부일구는 세종 대왕 때인 1434년에 장영실, 이천, 김돈 등이 만든 해시계야. 가마솥같이 오목하게 생겼지. '앙부'란 하늘을 우러러보는 모양의 가마솥이라는 뜻으로 지구의 모양을 표현한 거야. '일구'는 해시계라는 말이고.

해시계는 인간이 발명한 가장 원초적인 시계야. 원시 시대에는 나무 그림자를 보고 시간을 알 수 있었는데, 이것이 점차 발달해 여러 가지 해시계가 만들어졌어. 우리나라에서는 해시계가 언제부터 사용됐는지 알 수 없지만, 신라 때 해시계의 일부로 보이는 돌 파편이 국립경주박물관에 보존되어 있어. 이 평면 시계는 자시(밤 11시~새벽 1시)에서 묘시(오전 5시~오전 7시)까지만 남아 있지.

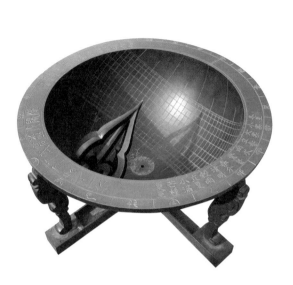

앙부일구

세종 대왕

세종 대왕은 백성들을 배불리 먹고살게 하려면 농사가 매우 중요하다는 것을 깨닫고 글을 잘 모르는 백성들도 쉽게 알아볼 수 있는 해시계를 만들고자 했어. 그래서 장영실, 이천, 김돈 등의 과학자들에게 중국 원나라의 과학자 곽수경이 만든 해시계인 '앙의'를 본보기로 삼아 새로운 해시계를 제작하도록 명한 거야. '앙의'는 시간을 비롯해 월식과 일식까지 알 수 있는 복잡한 천문 기구란다.

앙부일구는 시곗바늘과 눈금이 새겨진 오목한 바닥 부분인 시계판, 24절기와 24방위를 표시한 둥근 테두리 부분으로 되어 있어. 오목한 시계판에는 세로선 7줄과 가로선 13줄이 그어져 있어. 세로선♣은 시각선이고 가로선은 계절선이야. 해가 동쪽에서 떠서 서쪽으로 지면서 생기는 그림자가 시각선에 비추어 시간을 알 수 있는 거야.

절기마다 태양의 고도가 달라지기 때문에 계절선에 나타나는 그림자 길이가 다른 것을 보고 24절기를 알 수 있어. 또 12지신을 그림으로 그려 넣어 글을 모르는 백성들도 시간을 알 수 있도록 했어.

하지만 안타깝게도 세종 대왕 때 만들어진 앙부일구는 남아 있지 않아. 현재 우리가 볼 수 있는 것은 조선 후기에 만들어진 것들이야.

소리를 이용한 물시계, 자격루

해시계는 비가 오거나 눈이 오면 사용할 수 없어. 또 밤에도 사용할 수 없지. 해가 사라진 하늘에 어둠이 내리면 그림자를 만들어 내지 못하니 해시계는 제 기능을 할 수 없었어.

1434년 세종 대왕은 장영실, 이천, 김조 등을 불러 흐린 날이나 밤에도 시간을 알 수 있는 시계를 만들라고 명했어. 이들은 고심 끝에 스스로 소리를 내어 시간을 알리는 물시계를 만들어 냈어. 그게 바로 '자격루'야.

자격루는 시, 경(하룻밤을 다섯으로 나누어 부르는 시간의 이름), 점(경을 5등분 한 이름)에 따라 자동으로 종, 북, 징을 쳐서 시간을 알리도록 되어 있어.

> **잠깐!**
> 시각을 나타내는 세로선이 12줄이 아니고 7줄인 까닭은 앙부일구가 해시계이기 때문이야. 해가 없는 밤에는 그림자가 생기지 않잖아? 그래서 밤에 해당하는 술시, 해시, 자시, 축시, 인시의 시각선이 없어.

자격루

현재 남아 있는 자격루는 중종
31년(1536년)에 장영실이 만든
것을 복원해 사용하던 것이다.

모양새를 보면 크게 6개의 물 항아리와 부전 그리고 자동으로 시간을 알리는 장치로 이루어졌어. 물 항아리는 물을 흘려보내는 물통인 파수호(4개)와 물을 받는 물통인 수수호(2개)가 있지.

각기 크기가 다른 파수호 4개가 중앙에 있는 수수호로 물을 일정하게 흘려보내면, 수수호 안에 있던 방목이 올라가면서 항아리 벽에 있는 구슬을 건드려. 그 구슬은 다시 시간을 알리는 장치 상자로 굴러 들어가서 시간을 알리는 인형들이 종과 징, 북을 치게 되지.

종은 2시간마다 1번씩 하루 12회 울려. 각 시간마다 해당 간지에 해당하는 동물 인형이 튀어나오도록 설계되어 있어.

북과 징은, 오후 7시(1경)부터 오전 3시(5경)까지 2시간 간격으로 5번 나눈 경마다 북이 1번씩 울리고, 1경을 다시 5번으로 나눈 점에 징이 한 번씩 울리도록 되어 있지.

자격루의 종소리가 종루(종을 달아 두기 위해 문과 벽 없이 높이 지은 집)에 전해지면 큰

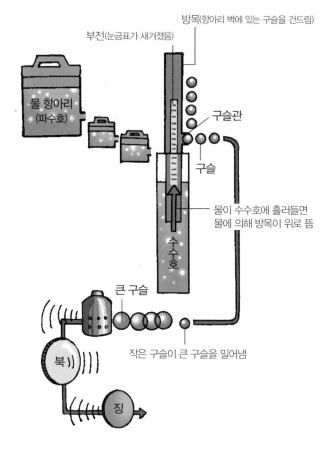

부전(눈금표가 새겨졌음)

방목(항아리 벽에 있는 구슬을 건드림)

물 항아리
(파수호)

구슬관

구슬

물이 수수호에 흘러들면
물에 의해 방목이 위로 뜸

수수호

큰 구슬

북))

징

작은 구슬이 큰 구슬을 밀어냄

자격루의 원리

종을 28번 울려 통금 시간을 알렸어. 그때 시각은 밤 10시경이며, 이를 '인정'이라
고 했어. 또 새벽 4시가 조금 넘은 시간인 '파루'에는 종을 33번 울려 해금 시간을
알렸어.

  자격루는 물통과 부전은 중국의 송나라 것을 참조하고, 작은 구슬을 이용해 시간
을 알리는 방식은 아라비아의 것을 응용한 우리만의 독창적인 발명품이야.

앙부일구와 자격루로 보는 빛과 물의 성질

앙부일구는 해의 움직임과 그림자를 이용해 하루 중의 시각을 알아내고, 태양의 높고 낮음을 측정해서 24절기를 알아냈어. 자격루는 물을 공급하는 항아리에서 흘러내리는 물의 부력을 이용해 몇 개의 지렛대 장치로 구슬을 움직여 소리를 냄으로써 시간을 알렸어.

빛의 성질

우리가 사물을 볼 수 있는 것은 빛이 있기 때문이야. 태양이나 전등, 촛불처럼 빛을 내는 물체 또는 도구를 '광원'이라고 하지. 광원에서 나온 빛이 물체의 표면에 반사되어 우리 눈에 비치면 물체를 볼 수 있어.

빛은 직진, 반사♣, 굴절♣의 3가지 성질을 가지고 있지. 해시계는 빛의 직진 현상을 이용한 도구야. 손전등을 비춰 보면 빛이 곧게 뻗어 나가는 것을 볼 수 있어. 창문으로 들어온 태양빛도 곧게 뻗어 있잖아. 이것을 '빛의 직진' 현상이라고 해. 일식과 월식도 빛이 직진하기 때문에 나타나는 현상이야.

빛의 직진 현상

반사란 무언가가 앞으로 나아가다가 어떤 물체에 부딪쳐 방향을 바꾸는 것을 말해. 세수를 하기 전에 물을 한번 바라봐 봐. 물속에 또 다른 내가 있지? 거울을 봐도 마찬가지야. 호수에 풍경이 비치는 것도 그렇고. 이 모든 것은 빛이 반사되기 때문에 생기는 현상이야. 빛이 반사된 것을 어떻게 아냐고? 고개를 들어 하늘을 보면 햇빛 때문에 눈이 부시지? 그런데 스키장처럼 눈이 쌓인 곳에서는 해를 직접 바라보지 않아도 눈이 부셔. 햇빛이 하얀 설원에 반사되어 우리 눈에 비치는 게 그 증거야.

물이 담긴 컵 속에 젓가락을 넣으면, 분명 멀쩡한 것인데도 눈에는 꺾여 보여. 이러한 현상을 굴절이라고 해. 굴절이라는 말은 휘어서 꺾인다는 뜻이야. 빛에도 굴절 현상이 있어. 대표적인 예로 렌즈의 작용을 들 수 있어. 빛은 공기라는 물질 속에서 직진하다가 렌즈라는 또 다른 물질을 만나면 꺾여. 그래서 물체의 크기가 실제보다 크거나 작게 보여. 물컵에 동전을 넣으면 동전이 크게 보이는 것도 빛의 굴절 현상 때문이야.

빛은 물이나 유리처럼 투명한 물체는 통과할 수 있어. 하지만 투명하지 않은 물체를 만나면 반대쪽에 검게 그림자가 생겨. 해시계는 직진하는 빛이 물체를 통과하지 못하기 때문에 생기는 그림자로 시간을 알 수 있는 거란다.

태양의 고도

태양의 위치를 지표면과 이루는 각도로 나타낸 것이 바로 '태양의 고도'야. 태양의 고도는 시간에 따라 다른데, 태양이 하루 중 가장 높은 곳에 있을 때를 '태양의 남중 고도'라고 해. 이때는 태양이 정남쪽에 있고 그림자의 길이가 가장 짧아. 흔히 '정오'라고 하지. 태양의 고도는 시간뿐 아니라, 계절에 따라서도 변해.

계절마다 밤과 낮의 길이가 다른 이유는 지구가 기울어진 채로 태양 주위를 돌기 때문이야. 지구본을 보면 막대기 하나가 지구본을 비스듬하게 꿰뚫고 있는데, 이 막대기가 지구의 자전축인 셈이야. 지구의 자전축은 대략 23.5도 기울어져 있어.

태양의 고도는 1년 중에서 하지(여름) 때 가장 높고, 동지(겨울) 때 가장 낮아. 남중 고도가 높은 하지에는 우리가 사는 곳에 태양이 비치는 시간이 가장 길어. 그래서 낮이 길고 더워. 반대로 동지에는 태양의 고도가 낮기 때문에 태양이 비치는 시간이 짧아. 금방 해가 져서 일찌감치 어두워지고 기온도 낮아.

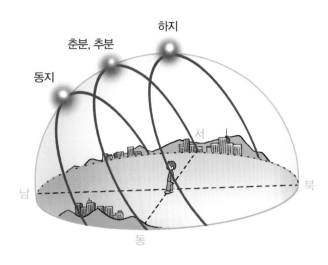

태양의 고도에 따른 계절의 변화

부력과 지렛대를 이용하여 시각 알리기

자격루의 수수호 안에는 부전이 들어 있어. 이 부전이 물이 차오를 때마다 부력으로 떠올라 구슬을 건드려 떨어뜨리지.

부력은 물체가 물에 잠겼을 때, 잠긴 부분의 무게만큼 위로 떠밀리는 힘이야. 중력의 반대 방향으로 작용해서 물체가 물에 뜨게 해.

떨어진 구슬은 통로를 거쳐 시간을 알리는 장치로 굴러 들어가 또 다른 구슬인 청동 구슬을 건드리게 돼. 다시 청동 구슬은 지렛대로 떨어지고, 그러면 지렛대의 다른 한쪽 끝이 들리면서 시간을 알리는 인형의 팔을 건드리지. 저절로 움직인 인형의 팔은 그 앞에 있는 종을 치게 되고. 이렇게 해서 자동으로 시간을 알릴 수 있는 거야.

13

나무의 성질을 살린

거북선

겉보기엔 평범한 조선 수군으로 보이지만

난 사실 왜군!

중요한 임무를 수행하러 조선으로 위장 잠입했다.

조선 수군으로 위장해서 거북선의 비밀을 파헤치도록!

하이!

오늘 드디어 거북선의 비밀이 모두 풀린다!

이 사실을 깨닫기 위해 그동안 얼마나 힘들었던가.

야차! 따가워!

그래서 결론은!

도저히 이길 방법이 없다는 거야! 거북선은 너무 완벽해!

엉엉

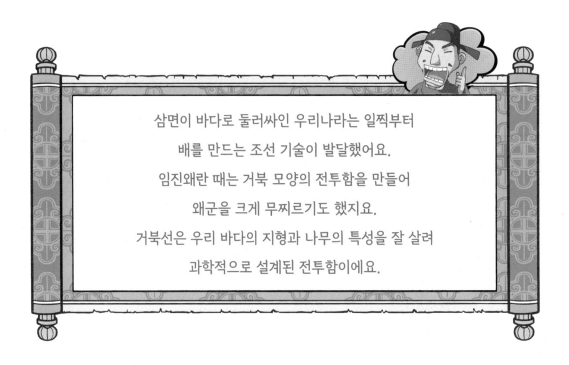

삼면이 바다로 둘러싸인 우리나라는 일찍부터

배를 만드는 조선 기술이 발달했어요.

임진왜란 때는 거북 모양의 전투함을 만들어

왜군을 크게 무찌르기도 했지요.

거북선은 우리 바다의 지형과 나무의 특성을 잘 살려

과학적으로 설계된 전투함이에요.

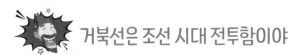 ## 거북선은 조선 시대 전투함이야

거북선은 거북 모양을 한 전투용 배로, 임진왜란 때 이순신 장군과 더불어 뛰어난 활약을 펼쳐 일본 수군을 크게 무찔렀어. 임진왜란이 일어나기 직전인 1591년 2월 13일 전라좌도 수군절도사로 부임한 이순신은 왜구의 침략을 미리 짐작하고 조선 기술자 나대용과 함께 거북선을 만들기 시작했단다. 그리고 임진왜란이 일어나기 직전인 1592년 3월 27일 완성했지.

거북선이 만들어지기 이전에 귀선이라고 하는, 왜구를 물리치기 위한 특수한 배가 있었어. 이순신과 나대용은 이 배의 앞부분에 용 머리를 달아 적을 공포에 떨게 하고, 용의 아가리에서 대포알을 쏘아 적장이 탄 배를 깨부수었어. 또 배의 몸체에 둥근 지붕을 씌워 안에서는 밖을 내다볼 수 있지만, 밖에서는 안을 엿볼 수 없게 했어.

당시 일본 수군은 배를 가까이 대어 상대의 배에 기어오른 후 칼을 휘둘러 배를 점령하는 전법을 썼다고 해. 이순신은 이에 맞서 둥근 지붕 위에 철로 된 송곳 또는 창칼을 꽂아 적군이 배에 뛰어내리지 못하게 했어. 또 용머리 1개, 거북 꼬리 밑 1개, 배 옆면에 각각 6개씩 총 14개의 총구멍을 두어 위협적인 공격을 할 수 있게 했단다.

서울 용산 전쟁 기념관에 있는 거북선 모형

거북선에는 약 130명의 군사들이 탈 수 있었어. 이 가운데 노를 젓는 사람은 80명으로, 배 양쪽에 2명씩 짝을 지어 노를 저었지. 조장은 거북선을 이동할 때 전투 상황에 따라 재빠르게 움직이거나 대처하도록 지시를 했어. 전투 병사들은 45명으로, 포를 발사하는 포수와 포탄 및 화약을 장전하는 화포장, 활을 쏘는 사수로 구성되었어.

거북선은 보통 2층으로 알려져 있는데, 이 경우 포와 노가 같은 위치에 있어서 노를 저을 때는 포를 쏠 수 없게 돼. 기록에 남아 있는 바로는 거북선이 움직이면서 포를 쏜다고 했으므로 거북선은 3층일 가능성이 높아. 3층엔 포수와 화포장을, 2층엔 노를 젓는 노꾼을 배치하고, 1층엔 창고와 병사들이 휴식을 취하는 공간을 마련한 것으로 보여.

사방에 설치된 포 구멍으로 500미터나 멀리 떨어진 곳에서도 적을 공격할 수 있었고, 불화살도 날릴 수 있었기 때문에 왜군은 거북선을 무척 두려워했대.

임진왜란에 대해 알아볼까?

임진왜란은 1592년부터 1598년까지 두 번에 걸쳐서 우리나라를 침략한 일본과 벌인 전쟁이야. 1차 전쟁은 임진년에 일어났으므로 '임진왜란'이라고 하며, 2차 전쟁은 정유년에 있었으므로 '정유재란'이라고 하지.

당시 조선은 200년 가까이 평화로운 시절을 보냈어. 당연히 사람들은 전쟁은 일어나지 않을 거라고 철석같이 믿었어. 율곡 이이는 일찌감치 일본이 침략할 것에 대비해 10만 명의 군사들을 훈련시켜야 한다는 '십만양병설'을 주장하기도 했지만, 양반 계급끼리의 세력 싸움에 철저하게 무시되고 말았어.

그즈음 일본은 100여 년간의 내란으로 혼란을 겪고 있었어. 그때 도요토미 히데요시가 나타나 일본을 통일하고, 자신에 대한 불평을 일삼는 세력의 관심을 밖으로 돌리기 위해 조선과 명나라를 정벌하는 계획을 세웠지.

1592년 4월 13일, 마침내 일본은 20만 명의 군사를 조선으로 보내 부산을 공격했어. 그로부터 한 달이 지난 5월 29일 이순신은 사천에서 처음 거북선을 이용해 승리를 거머쥐었고, 이후에도 거북선으로 일본 수군을 꼼짝 못 하게 만들었지. 뛰어난 무공으로 나라를 구한 이순신은 1598년 11월 노량 해전에서 일본 수군을 크게 무찌르고 장렬히 숨을 거두었어.

임진왜란을 그린 부산진 순절도
1592년(선조 25년) 4월 13일과 14일 이틀 동안 부산진에서 벌어진 전투 장면을 그린 그림으로 육군 박물관에 소장되어 있다.

노량 해전이 펼쳐진 바다
노량 해전은 1598년(선조 31년) 11월 19일 경상남도 하동군과 남해도 사이에 위치한 노량 앞바다에서 펼쳐진 임진왜란의 마지막 전투다.

서울 광화문 광장에 세워진 이순신 장군 동상

거북선은 종류에 따라 모양이 달라

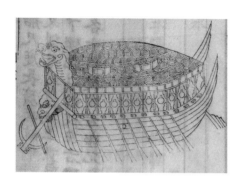

조선 시대의 거북선 그림(전라좌수영 거북선)

거북선은 현재까지 전하는 유물이 없고 설계도가 전해지지 않아 자세한 사항은 알 수 없어. 하지만 정조 때인 1795년에 편찬된 『이충무공전서』에 거북선의 형태와 크기 등이 자세히 나와 있단다.

여기에서는 통제영 거북선과 전라좌수영 거북선에 대해 설명하고 있어. 통제영 거북선이란 이순신이 삼도 수군통제사가 되어 한산도에 설치한 군영에서 사용한 것을 말하고, 전라좌수영 거북선이란 조선 시대 수군의 본거지였던 전남 여수 군영에서 사용한 것을 말해. 이들 거북선은 크기는 비슷하지만 모양이 달라. 그러나 확실히 임진왜란 때의 것보다 크기가 커지고, 포의 수도 늘어났어.

저항을 줄이는 거북선의 생김새

삼면이 바다로 둘러싸인 우리나라는 일찍부터 배를 만드는 조선술이 발달했어. 당시 배를 만드는 재료는 주변에서 쉽게 구할 수 있어야 했기 때문에 나무를 사용했어.

우리 조상들은 아무 나무나 베어다 사용하지 않았어. 나무의 특성을 하나하나 따져서 물속에서 잘 견디면서도 튼튼한 종류를 골라 배를 만들었어.

우리 민족과 함께해 온 소나무

거북선은 두께가 12센티미터 이상 되는 튼튼한 소나무 판자를 사용했어. 또 바닷물에 녹슬지 않는 나무못을 사용했지. 나무못은 물에 닿으면 부풀기 때문에 못을 박은 구멍 빈틈으로 물이 새는 것을 막을 수 있어. 특히 뱃머리에 달린 용 머리는 적의 배를 부술 수 있을 만큼 견고하게 만들어졌다고 해.

반면, 일본군의 배는 해적선을 본떠 만들어 가볍고 날쌨지만, 배의 재료가 약한 삼나무였기 때문에 거북선과 부딪치면 부서지기 쉬웠어. 또한 쇠못을 사용했기 때문에 배끼리 부딪칠 경우, 그 충격에 못이 빠질 수도 있었지.

배의 재료로 쓰이는 나무는 물속에서 잘 견디고 단단해야 할뿐더러, 가볍고 다루기 쉬워야 했어. 또한 우리 조상들은 바다에서 전투를 벌일 때 배와 배끼리 부딪치는 전략을 사용했는데, 박치기를 하려면 배가 튼튼해야 했지. 그런 면에서 보자면, 한반도에서 자라는 나무 중에서는 소나무가 배를 만드는 데 가장 적합했어.

소나무는 우리 민족과 오랜 세월 함께해 온 나무야. 고구려의 시조인 주몽이 부여를 떠나면서 부러진 칼 한쪽을 묻어 둔 것도 소나무 기둥 아래였고, 백제 미륵사지의 기둥도 소나무였으며, 조선 시대에 세워진 궁궐의 기둥도 모두 소나무였지. 통일 신라 시대의 안압지에서 나온 나무배와 노, 고려 초기의 화물선으로 알려진 배도 모두 소나무로 만들어졌어.

배의 속도와 안정성

배는 물고기의 모양을 닮아 물의 저항을 덜 받고 쉽게 속력을 낼 수 있어. '저항'이란 물체의 진행 방향과 반대로 작용하는 힘이야. 비행기가 날 때는 공기의 저항을,

소나무

소나무는 매우 단단하고, 송진 때문에
물이 잘 스며들지 않아 배를 만드는 데 적합했다.

오늘날의 전투함

물의 방해를 받지 않고 앞으로 나아가기 위해
배의 아랫부분을 뾰족하게 만든다.

배와 같은 탈것 또는 수영 선수가 앞으로 나아갈 때는 물의 저항을 받지.

공기나 물의 저항을 이겨 내고 나아가려면 저항을 받는 면적을 최소화해야 해. 유선형이나 뾰족한 역삼각형 모양이 저항을 줄이는 데 유리하지.

헤엄치는 물고기나 하늘을 나는 새의 옆모습을 보면 유선형으로 생겼어. 비행기와 잠수함도 유선형으로 생겼는데 현대의 배를 보면 아랫부분이 뾰족하게 생겼어. 이는 모두 물과 공기의 저항을 이겨내기 위해서야.

그러나 거북선을 비롯해 과거 우리 조상들이 만든 배는 앞부분이 뾰족하지 않고

바닥은 편평했어. 우리나라는 바다가 깊지 않고 갯벌이 발달했기 때문에 배가 물속에 깊이 잠기지 않도록 편평하게 만들었던 거야. 반면 일본의 배는 현대의 배처럼 뾰족하게 생겼지.

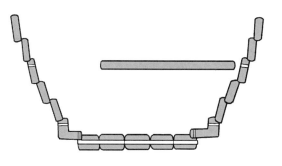

U자 형태의 거북선
거북선은 U자형으로 설계되었다. 뱃머리 옆면과 배 밑부분의 옆면, 선체의 곡선, 뱃머리와 배 뒷부분의 곡선 각도 등이 U자형으로 되어 있으며 배의 모서리도 둥글둥글하게 다듬어 놓았다.

　물론 안정성에서는 우리나라의 배가 더 우수했어. 일본 배처럼 V자형이면 아무리 물속이라고 해도 균형이 잘 맞아야 떠 있을 수 있지만, U자형이면 균형이 잘 맞지 않아도 평형을 유지하기가 쉽거든. 또한 일본 배는 가벼워서 속도는 빨랐지만, 배가 물속에 깊이 잠기는 탓에 방향을 돌리는 게 쉽지 않았어.

방향을 바꾸는 데 유리한 노의 구조

　거북선은 적의 배를 추격하는 데는 적합하지 않았지만, 방향을 바꿔 종횡무진하며 적군의 배에 부딪쳐 저돌적으로 공격하는 데는 제격이었어.

　이는 한국식 노의 구조 덕분이야. 서양의 경우 배의 진행 방향을 바꾸려면, 노를 원래 젓던 방향과 반대로 저어야 해. 그러나 한국식 노는 방향을 바꾸기 위해 동작을 멈추지 않아도 됐어. 각도만 달리하면 되므로 서둘러 방향을 바꿀 수 있었지. 배의 바닥이 편평하기 때문에 급히 방향을 바꾸다가 배가 뒤집힐 염려도 없었어. 노가 배의 진행 방향과 수직으로 좌우에서 움직이므로 서로 부딪치지 않아 배가 움직이는 데 아무런 불편을 주지 않았어.

14

열의 차단과 이동을 이용한

석빙고

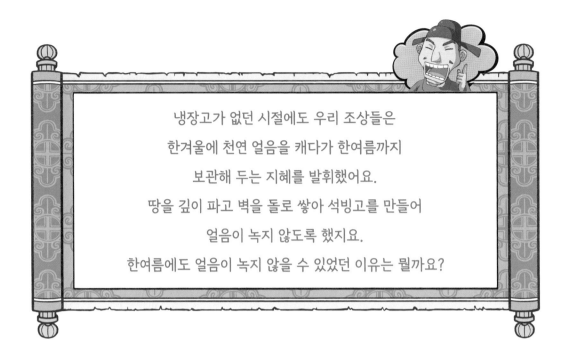

냉장고가 없던 시절에도 우리 조상들은
한겨울에 천연 얼음을 캐다가 한여름까지
보관해 두는 지혜를 발휘했어요.
땅을 깊이 파고 벽을 돌로 쌓아 석빙고를 만들어
얼음이 녹지 않도록 했지요.
한여름에도 얼음이 녹지 않을 수 있었던 이유는 뭘까요?

전기가 필요 없는 천연 냉장고, 빙고!

폭염이 쏟아지는 여름날, 온 도시가 정전이 되어 시원한 물을 마실 수 없게 된다면 어떨까? 정말 상상만 해도 온몸이 땀으로 끈적거리고 입안은 갈증으로 타들어가는 것 같아. 사계절 내내 먹거리를 신선하게 유지하고 아이스크림이나 얼음을 먹을 수 있게 해주는 냉장고는 현대 과학의 산물이야. 전기를 발견하고 이를 이용한 도구를 만들어 사용하면 편리하게 살 수 있다는 사실을 알게 된 게 200년이 채 안 돼.

그런데 약 1500년 전 우리나라에 냉장고 못지않은 시설이 있었다는 것 아니? 우리 조상들은 신라♣ 때부터 '석빙고'라는 얼음 보관 창고를 만들어 한여름에도 얼음을 사용해 왔어. 추운 겨울날 강에서 깨끗한 얼음을 채취해 저장했다가 사용했지.

석빙고

잔디를 심어 놓아 마치 무덤처럼 보인다. 잔디는 태양의 열기를 막고 석빙고 안의 찬 공기가 밖으로 나가지 않게 하는 역할을 한다.

'빙고'란 얼음 창고라는 한자어야. 돌로 만든 것을 '석빙고', 나무로 만든 것을 '목빙고'라고 하지. 처음에는 나무로 빙고를 지었으나 후에 돌로 고쳐 짓거나 새로 만들었어.

경상북도 경주시에는 국보 제66호로 지정된 석빙고가 있어. 처음에는 나무로 지었던 것을 조선 시대 영조 때 고쳐 지은 것으로, 내부에 화강암으로 된 돌을 쌓았어. 현재 남아 있는 여러 석빙고 가운데 그 모습이 가장 완벽하지.

우리나라에 전하는 가장 오래된 역사책 가운데 하나인 『삼국사기』에는 신라 지증왕 때에 빙고전이라는 관청을 두어 얼음을 저장해서 사용했다는 기록이 남아 있어.

조선 시대에는 1396년부터 1894년까지 약 500년 동안 한강 근처에 '동빙고'를 두어 국가 제사에 사용하는 얼음을 보관했어. 또 별도로 8개의 얼음 창고를 두어 왕실에서 사용하거나, 벼슬이 높은 관리들에게 더운 여름 잘 보내라고 선물로 주는 얼음을 보관해 두었지. 이를 '서빙고'라고 해. 이들 빙고는 나무로 지어졌기 때문에 현재는 남아 있지 않아.

석빙고는 나라에서 설치한 것 외에도 백성들이 만든 것이 여럿 있었는데, 보통 생선을 보관하는 데 사용했어.

여름에도 얼음이 녹지 않은 이유는?

석빙고는 얼음이 녹지 않도록 보통 지하에 만들었어. 지하에 깊게 굴을 파고 안쪽 벽을 돌로 쌓아 올린 후, 밑바닥은 직사각형 모양으로 경사지게 만들었지. 지붕에는 환기 구멍을 만들어 가을까지도 문제없이 얼음을 보관할 수 있도록 했어. 외부에서 보면 둥글게 흙을 덮고 잔디를 입혀 마치 무덤처럼 보이지.

입구는 공기가 새어 들어오는 것을 막기 위해 최대한 작게 만들었어. 그리고 위쪽에 턱을 만들어 따뜻한 공기가 곧장 들어오는 것을 막았지. 또 빙고가 있는 지하로 내려가는 길은 계단식으로 만들었어.

겨울이 되면 빙고 내부의 돌을 차갑게 하기 위해 문을 열어 두었다가 가장 추운 음력 12월에 얼음을 채취했어. 이 얼음을 가로 70~80센티미터, 세로 1미터, 높이 60센티미터 정도의 크기로 잘라 빙고로 보냈어. 그리고 입구를 막아 여름까지 저장해

두었지. 여름에 얼음을 사용할 때는 비교적 덜 더운 저녁이나 밤에 꺼내야 했어. 만일 보관을 소홀히 해 얼음이 녹아 없어지면, 빙고를 담당하는 관리는 그 자리에서 쫓겨나야 했거든.

석빙고 입구

 ## 한여름에도 시원한 얼음골과 풍혈

빙고를 이용할 수 없었던 백성들은 자연의 도움을 받아 한여름에도 얼음을 먹을 수 있었어. 바로 얼음골과 풍혈✚ 덕분이지.

희한하게도 얼음골에서는 한여름에는 얼음이 얼었다가 초가을이 되면 녹아. 그리고 한겨울에는 따뜻한 바람이 불어 계곡물조차 얼지 않지.

얼음골과 풍혈의 원리는 뭘까? 얼음골과 풍혈은 대개 산 아래쪽에 있어. 그리고 큰 돌멩이들로 덮여 있지. 이렇게 돌이 많이 흩어져 있는 비탈을 '너덜'이라고 해. 너덜의 돌 틈 사이로 한여름 뜨거운 공기가 스며들어. 반대로 겨울에는 찬 공기가 돌들의 빈틈을 파고들지. 계절이 바뀌어 온도가 달라지면 자연 대류가 일어나 여름에는 찬 공기가, 겨울에는 따뜻한 공기가 흘러나와. 또 뜨거운 공기와 차가운 공기가 만나면 수증기가 생기는데, 이 수증기가 차가운 공간에 머물면서 한데 엉겨 붙어 얼음이 되는 거야.

석빙고 내부
아치형 천장이 여러 개로 나뉜 것이 보인다.

석빙고 환기 구멍
환기 구멍은 가로 세로 30센티미터의 크기로 두세 개씩 설치되어 있다. 구멍 위에 돌을 얹어 빗물이나 햇볕이 들어가지 못하게 했다.

　풍혈은 산기슭이나 시냇가 같은 곳에서 여름이면 서늘한 바람이 나오는 구멍이나 바위틈을 말해. 겨울에는 따뜻한 바람이 나와서 하얀 김이 모락모락 피어오르는 현상을 볼 수 있지.

　얼음골과 풍혈 주변은 관광지로도 인기가 많아. 천연기념물 224호로 지정된 밀양 얼음골을 비롯해 진안 성수 풍혈, 경기 연천 풍혈, 해남 관두산 풍혈은 계절의 시계가 거꾸로 돌아가고 있는 곳이야.

찬 공기만 남기는 석빙고의 과학 원리

　세계 그 어느 곳에서도 찾아볼 수 없는 석빙고는 우리 선조의 훌륭한 과학 문화재야. 석빙고의 구조를 잘 살펴보면, 한여름에도 얼음이 녹지 않는 과학의 원리가 숨어 있지.

더운 공기를 가두는 아치형 천장

얼음이 녹기 위해서는 주변 온도가 얼음보다 따뜻해야 해. 즉, 얼음이 녹는 온도(녹는점)인 0도 이상이 돼야 하지.

얼음은 녹는점에 이르는 순간 액체인 물로 변하면서 주위의 열을 흡수해. 그러면 주변 공기가 차가워져서 얼음이 쉽사리 녹지 않아. 이때 차가워진 기체를 가두기 위해 석빙고를 지하에 만든 거야.

또 찬 공기를 빙고에 가득 채우고 더운 공기가 함부로 돌아다니지 않게 하기 위해 천장을 아치형으로 만들었어. 석빙고의 아치는 1~2미터의 간격을 두고 볼록 튀어나온 곳과 안으로 움푹 들어간 공간으로 되어 있어. 바로 움푹 들어간 공간이 석빙고 내부의 더운 공기를 가두는 역할을 하는 거야.

아무리 서늘한 지하라 해도 날씨가 따뜻해지면 석빙고 내부도 더워질 수밖에 없어. 또 얼음을 꺼내기 위해 문을 열면 밖에서 더운 공기가 안으로 들어가지.

석빙고 안에 더운 공기가 들어가면 기체의 대류 현상 때문에 찬 공기는 아래쪽으로 내려가고 더운 공기는 위로 올라가게 돼. 찬 공기가 아래쪽에 머물면서 저절로 더운 공기를 위쪽으로 밀어내게 되고, 더운 공기는 천장의 움푹 들어간 공간에 꼼짝없이 갇히고 말아.

이때 부피가 가볍고 분자 운동이 활발한 더운 공기가 천장에만 머물까? 자연히 환기 구멍을 통해 밖으로 빠져나가게 돼. 그래서 석빙고 안에는 찬 공기만 남게 된단다.

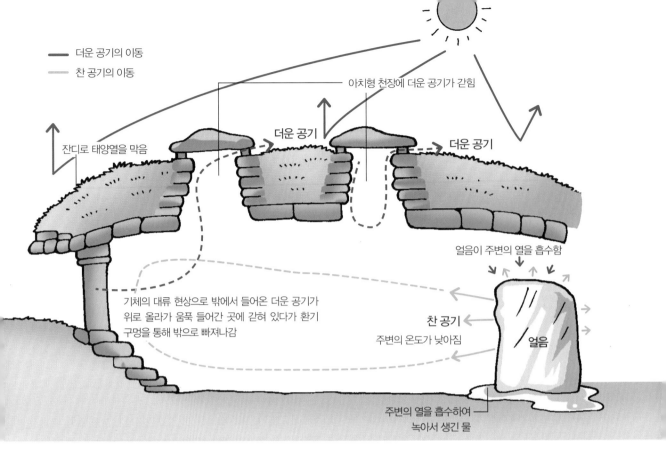

더운 공기의 이동
찬 공기의 이동

아치형 천장에 더운 공기가 갇힘

잔디로 태양열을 막음

더운 공기

더운 공기

얼음이 주변의 열을 흡수함

기체의 대류 현상으로 밖에서 들어온 더운 공기가 위로 올라가 움푹 들어간 곳에 갇혀 있다가 환기 구멍을 통해 밖으로 빠져나감

찬 공기
주변의 온도가 낮아짐

얼음

주변의 열을 흡수하여 녹아서 생긴 물

석빙고의 원리

열을 차단하는 잔디와 볏짚

석빙고의 지붕은 열이 잘 전달되지 않는 진흙과 석회를 섞어 덮어 물과 바깥의 뜨거운 공기가 안으로 들어가지 않도록 했어. 그리고 잔디를 깔았지.

잔디는 단순히 흙이 보이지 않도록 단장하기 위해 깔아 놓은 게 아니야. 여기에도 과학적인 이유가 숨어 있어.

최근 건물 옥상에 나무와 꽃을 심은 곳들이 늘어나고 있어. 이는 태양의 복사열을 막아 냉방을 하는 데 드는 에너지를 아끼고 환경 오염을 줄이는 효과를 얻기 위해서야. 이와 마찬가지로 석빙고의 잔디도 태양의 복사열을 막기 위해 깔아 놓은 거야.

복사열이란 태양이 내뿜는 열기가 물체에 직접 전달되어 뜨겁게 되는 것을 말해. 복사열은 당연히 한여름에 가장 높아. 따라서 석빙고 천장이 덜 뜨거워지도록 잔디를 심은 거야. 반대로 석빙고 내부의 찬 공기가 밖으로 달아나지 않도록 차단하는 역할도 하지.

또한 얼음 사이에 볏짚과 겨, 갈대 등을 끼워 두어 얼음이 서로 붙지 않도록 함과 동시에 벽과 천장에도 채워 넣어 찬 공기가 새어 나가지 못하게 했어. 볏짚♣에는 빈 공간이 많아서 그 안에 찬 공기와 더운 공기를 담아 둘 수 있거든. 덕분에 석빙고의 내부 온도를 항상 똑같이 유지할 수 있단다.

잠깐!

한 실험 결과에 따르면, 빙고에 얼음을 반쯤 채우고 볏짚을 넣었을 때와 넣지 않았을 때 얼음이 감소하는 양이 기간에 따라 최소 약 6퍼센트에서 최대 38퍼센트나 차이가 났다고 해. 한눈에 봐도 볏짚이 얼음을 보관하는 데 얼마나 큰 역할을 했는지 알 수 있겠지?

서양의 과학 기술을 접목하여 세운

수원 화성

초등 사회 3-1 2단원. 우리가 알아보는 고장 이야기 ㅣ 3-2 2단원. 시대마다 다른 삶의 모습 ㅣ
4-1 2단원. 우리가 알아보는 지역의 역사 ㅣ 5-2 2단원. 사회의 새로운 변화와 오늘날의 우리
초등 과학 3-1 2단원. 물질의 성질 ㅣ 4-1 4단원. 물체의 무게 ㅣ 6-2 5단원. 에너지와 생활

수원에 성을 짓고자 하네.

저에게 맡겨 주십시오.

백성들이 살 수도 피난처도 될 수 있어야 해.

이건 이렇게.

저건 저렇게.

아악!

사람이 깔렸다!

사람들이 다치지 않고 일을 쉽게 할 수 있는 유용한 도구를 만들어야겠어.

이 거중기로 무거운 것을 쉽게 들 수 있네.

허허, 그대가 조선의 과학 인재구료.

과찬이십니다, 전하!

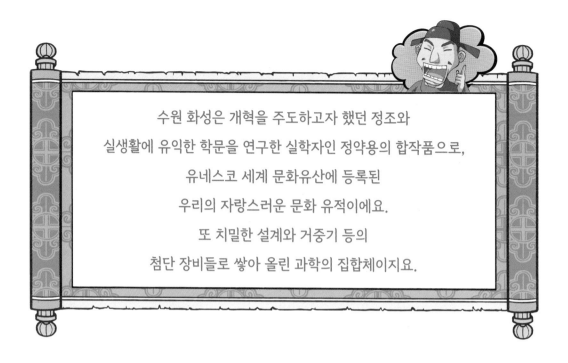

수원 화성은 개혁을 주도하고자 했던 정조와
실생활에 유익한 학문을 연구한 실학자인 정약용의 합작품으로,
유네스코 세계 문화유산에 등록된
우리의 자랑스러운 문화 유적이에요.
또 치밀한 설계와 거중기 등의
첨단 장비들로 쌓아 올린 과학의 집합체이지요.

 ## 화성은 과학 기술이 돋보이는 성이야

수원 화성은 조선 제22대 왕인 정조가 자신의 아버지 사도 세자의 능을 수원의 화산으로 옮긴 후 세운 성이야.

거중기, 녹로 같은 첨단 건설 기계가 사용되었을 뿐 아니라 공사에 동원된 인원도 어마어마해. 돌을 깎는 석수, 나무를 다듬고 끼워 맞추는 목수를 포함한 2,000여 명의 건축 기술자들을 비롯해 무려 70만여 명이나 참여했어.

첨단 기계를 만들어 사용해서인지 비용도 만만치 않게 들었어. 총 80만 냥으로, 오늘날 기준으로 계산해 보면 대략 160억에서 240억 정도 비용이 들어간 셈이야. 1633년부터 조선 후기까지 사용하던 상평통보 1냥은 2만 원 정도로 볼 수 있어. 때에 따라 3만 원으로 보기도 하고, 4만 원으로 보기도 해. 돈의 가치가 왜 이렇게 다르냐고? 조선 시대에는 돈의 기준이 쌀값이었기 때문이야. 쌀값이 그때그때 달랐기 때문에 이런 차이가 날 수밖에 없어.

수원 화성은 우리나라의 전통적인 성곽 건설 방식에 서양의 과학 기술을 접목시켜 만든 과학적인 성이야. 게다가 중국과 일본 등지에서는 찾아볼 수 없는, 평지와 산을 이어 쌓은 평산성이지. 보통은 적의 침입에 대비하기 위해 산과 같은 높은 곳에 성을 짓는데, 화성은 평지에 있어. 그래서 화성은 적의 공격을 막기 위한 방어 시설과 백성들의 삶이 녹아든 상업적인 기능을 모두 갖추고 있어.

수원 화성은 지어진 지 200년이 조금 넘었지만, 18세기 군사 건축물을 대표하는 유적이야. 또 성곽의 건축물들이 제각각 예술적 가치를 지니고 있어서 1997년에는 유네스코가 지정한 세계 문화유산에 등록됐어.

전쟁에 대비한 시설도 훌륭해

화성은 평지에 있어 적의 침입이 쉽다는 단점을 없애고자 한쪽을 팔달산과 연결해 산성으로 지어졌어. 평지에 지어진 부분은 적의 침입에 대비해 각종 시설을 갖추었고, 대포 공격에 잘 견딜 수 있도록 설계됐어.

동서남북에 각각 창룡문, 화서문, 팔달문, 장안문의 성문이 있고, 비상시에 대비한 북수문과 남수문도 있지. 서쪽의 팔달산, 남쪽과 북쪽의 평지, 동쪽의 구릉지(평지와 산의 중간쯤 되는 언덕)로 되어 있는 화성 지형에 필요한 도로와 수로도 건설됐어.

동북 공심돈

창룡문 근처에 있는 공심돈으로 벽돌로 외부를 둥그스름하게 쌓아 사다리로 오르내렸다.

화서문과 옹성

수원 화성은 성문마다 모두 옹성을 쌓아 적이 바로 침입하지 못하고 옹성 안에 갇히게 했다.

북포루

포루는 치성 위에 군사들이 몸을 숨길 수 있도록 지은 집이다. 수원 화성에는 총 5개의 포루가 있다.

성문에는 옹성(성문에 둥글게 방어벽을 더 쌓아 적을 가두는 역할을 한다.)을 쌓아 적이 곧장 침입할 수 없게 하고, 적대(성문 좌우에 높은 대를 쌓아 성문과 옹성을 공격하는 적을 방어하기 위한 시설이다.)를 세워 높은 곳에서 적이 오는지 감시할 수 있게 했어.

이 밖에도 전망대 역할을 하면서 공격도 할 수 있는 공심돈, 성벽을 튀어나오게 지어 앞과 좌우에서 오는 적을 모두 막을 수 있는 치성, 치성 위에서 군사들이 몸을 숨길 수 있는 포루, 성 밖의 움직임을 살필 수 있는 노대 등 전투에 필요한 시설들이 모두 40개가 넘어.

실학자 정약용이 설계하고 감독했어

수원 화성 같은 큰 규모의 건설 공사는 나무와 돌 등의 물자뿐 아니라 건설에 동원되는 사람들의 수도 어마어마해서 사전에 치밀하게 계획을 세워야 했어.

정조는 정약용에게 화성의 건설 계획을 맡겼어. 정약용은 옛것을 참고해 새로운 것을 창조한다는 정신으로 상업 도시에 걸맞은 새로운 성을 구상했지. 치밀하고도 효율적으로 건설 계획을 세웠음은 건설 기간만 봐도 알 수 있어. 원래 10년 정도 걸릴 것으로 예상했지만, 완성되는 데 3년이 채 걸리지 않았어.

정약용은 건설 책임자 및 기술자를 정해 직책을 나누

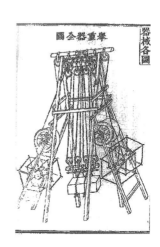

『화성성역의궤』에 실린 거중기
화성을 쌓는 동안 있었던 각종 기록을 정리했다. 당시 건축 기술과 과학의 수준을 알 수 있는 중요한 책이다.

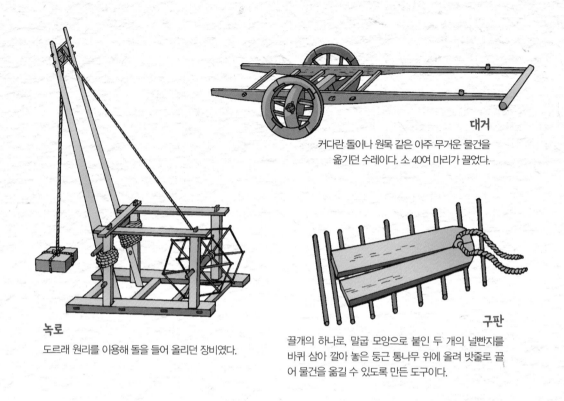

대거
커다란 돌이나 원목 같은 아주 무거운 물건을
옮기던 수레이다. 소 40여 마리가 끌었다.

녹로
도르래 원리를 이용해 돌을 들어 올리던 장비였다.

구판
끌개의 하나로, 말굽 모양으로 붙인 두 개의 널빤지를
바퀴 삼아 깔아 놓은 둥근 통나무 위에 올려 밧줄로 끌
어 물건을 옮길 수 있도록 만든 도구이다.

었고, 건설에 필요한 돈을 마련하고 장부를 정리하는 일 등을 개선했어. 그리고 왕실
의 서고인 규장각에 비치된 첨단 서적들과 기존의 여러 책을 참고해서 설계했어.

화성을 지은 후 1801년에 발간된 『화성성역의궤』라는 책에는 성을 세우기 위한
계획부터 제도, 동원된 사람들의 인적 사항, 재료의 출처와 용도, 예산 및 임금, 기
계, 공사 과정을 매일같이 적은 기록이 상세히 적혀 있어.

성을 지을 때는 무겁고 큰 돌을 다뤄야 하는데, 이전까지는 밧줄과 간단한 나무 도
구를 이용했기 때문에 돌을 옮기던 중 사람들이 다치거나 죽는 일이 잦았어. 화성을
건설할 때는 거중기를 비롯한 10여 종의 기계를 사용해 많은 힘을 들이지 않고도 무
거운 짐을 옮기거나 쌓을 수 있었어.

특히 거중기는 적은 힘으로 큰 물건을 들어 올리는 기구로, 많은 사람이 돌을 나르는 데 매달릴 필요가 없었어. 무거운 물건이 떨어지는 일도 없어서 사람들이 일하다가 다치는 위험도 줄었어. 이 밖에 대거(큰 수레), 녹로, 구판 등을 사용해 효율적으로 화성을 지을 수 있었어.

 ## 수원 화성에서 배우는 도르래의 원리

정약용은 오랜 연구 끝에 힘을 효과적으로 덜어 주는 고정 도르래와 움직 도르래의 원리를 이용한 거중기를 만들어 냈어.

거중기와 도르래의 원리

거중기로 무거운 짐을 들어 올릴 수 있는 이유는 도르래의 원리를 적용했기 때문이야. 거중기에는 위와 아래에 각각 4개의 도르래가 설치되어 있고, 동아줄이 이 도르래를 서로 연결하고 있지. 옮겨야 하는 물건은 아래 도르래 밑에 달아매면 돼. 거중기를 받치는 부분 양쪽에 육각형 모양의 물레가 있는데, 줄을

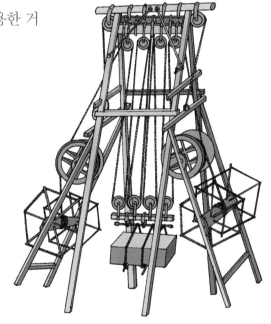

거중기
거중기는 도르래의 원리를 이용해 무거운 짐을 위로 들어 올리는 장치이다. 이 기구 덕분에 수원 화성을 지을 당시 사고의 위험을 줄이고, 힘을 적게 들일 수 있었다.

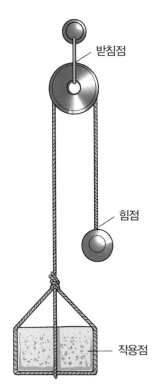

고정 도르래의 원리

감아 올리고 푸는 장치야. 이 물레로 위 도르래 양쪽에 연결된 동아줄을 감아 올리면, 아래 도르래에 연결된 동아줄이 당겨지면서 물건이 위로 올라가는 거야.

도르래는 일정한 장소에 고정된 고정 도르래와 줄과 함께 움직이는 움직 도르래가 있어. 고정 도르래는 우물의 두레박에서 쉽게 볼 수 있는데, 힘의 방향을 바꾸어 쉽게 들 수 있는 장점이 있어. 하지만 도르래에 걸린 줄을 잡아당긴 만큼만 물건을 움직일 수 있기 때문에 가볍게 느껴지지는 않아. 움직 도르래는 물건의 무게를 2개의 도르래에 나누므로 힘이 절반밖에 들지 않아.

정약용의 거중기는 이 두 도르래를 동시에 이용한 것으로, 힘의 방향을 바꿈과 동시에 힘을 적게 쓸 수 있는 기계야.

지렛대의 원리

도르래의 원리를 쉽게 이해하려면 지렛대의 원리를 알아야 해. 지렛대는 막대를 이용해 물건을 쉽게 움직이는 도구야. 지레에는 힘을 주는 곳인 힘점, 지렛대를 받치는 곳인 받침점, 물체를 움직

지렛대의 원리를 공식으로 나타내면,
힘점과 받침점 간의 거리 X 힘점에 가한 힘 =
작용점과 받침점 간의 거리 X 작용점이
물체를 드는 힘이야.

지렛대의 원리

이게 하는 곳인 작용점이 있어.

똑같은 무게의 물건을 들어 올리는 경우 반침점이 작용점과 가까우면 힘이 덜 들고, 반대로 반침점이 힘점과 가까우면 더 많은 힘이 들어. 이런 지렛대의 원리로 물건을 쉽게 들어 올릴 수 있어.

도르래에도 지렛대처럼 이 3가지 힘이 작용해.

사진 제공에 도움을 주신 분들

이 책에 실린 사진의 출처를 찾고 해당 사진의 라이선스에 따라 사진의 원 저작자를 밝히는 데 최선을 다했습니다(단, 저작권이 만료된 사진과 출판사에서 소장한 사진은 표기를 생략했습니다.). 누락이나 착오가 있다면 다음 쇄를 찍을 때 꼭 수정·반영하겠습니다.

고인돌	강화군 오상리 고인돌 유적지(Jtm71) ┃ 고인돌에 새겨진 별자리 모습(연합뉴스) 고창 죽림 고인돌(Kussy) ┃ 유네스코 세계 문화유산으로 지정된 강화도 부근리 고인돌(Hairwizard91)
온돌	오녀 산성에 남아 있는 고구려 온돌 유적지(안여사의 쓸모있는 공간 안효진 님)
가야의 철 갑옷	고령 지산동 고분군 발굴 모습, 김해 대성동 고분군 발굴 모습 재현, 팔뚝 가리개, 투구, 목 가리개, 갑옷의 옆면, 판 갑옷과 미늘 갑옷(네이버 블로그 연가의 기행)
첨성대	첨성대(경주시청)
석굴암	석굴암 입구 목조 암자, 석굴암 전체 모습, 석굴암 본존불, 본존불을 지키는 사천왕상, 다른 위치에서 본 석굴암 본존불(경주시청)
포석정	포석정, 경주 남산과 그 주변 모습, 나정(경주시청)
고려청자	다양한 모양의 고려청자(williamson, Calais) ┃ 청자 칠보 투각 향로(Steve46814) ┃ 청동 은입사 포류 수금문 정병(ddol-mang) 청자 상감 운학문 매병(Korea history)
팔만대장경판	해인사 장경판전(Lauren Heckler)
금속 활자	우리 금속 활자(연합뉴스) ┃ 서양의 금속 활자(Willi Heidelbach)
한지	죽간(vlasta2) ┃ 한지(jared)
주화와 신기전	흑색 화약(Hustvedt) ┃ 복원된 화차(Kai Hendry) ┃ 화차의 모양(Kang Byeong Kee)
앙부일구와 자격루	앙부일구(Bernat) ┃ 자격루(Kai Hendry)
거북선	서울 용산 전쟁 기념관에 있는 거북선 모형(Feth) ┃ 조선 시대의 거북선 그림(PHGCOM) ┃ 노량 해전이 펼쳐진 바다(RYU Cheol)
수원 화성	동북 공심돈(Nagyman) ┃ 화서문과 옹성(OlkhichaAppa) ┃ 북포루(oreum)

참고자료

『삼국 시대 사람들은 어떻게 살았을까?』, 한국역사연구회 저, 청년사, 1998.

『삼국 시대 과학자들은 정말 대단해』, 김용만 저, 계림북스, 2008.

『역사 스페셜』, KBS 역사스페셜 저, 효형출판, 2001.

『역사 스페셜』1권~6권, KBS 역사 스페셜 저, 효형출판, 2008.

『한국인의 생활사』, 한미라·전경숙 공저, 일진사, 2009.

『하늘에 새긴 우리 역사』, 박창범 저, 김영사, 2002.

『신라 과학 기술의 비밀』, 함인영 저, 삶과꿈, 2000.

『어린이 국보 여행』, 신현수 저, 학산문화사. 2008.

『문화유산에 숨겨진 과학의 비밀』, 국립문화재연구소 엮음, 고래실, 2007.

『한눈에 반한 우리 문화 20』, 오세기·지호진 저, 아이세움, 2001.

『유네스코가 보호하는 우리 문화유산 열두 가지』, 최준식 외, 시공사, 2006.

『한국 고대의 온돌』, 송기호 저, 서울대학교출판부, 2008.

『가야, 잊혀진 이름 빛나는 유산』, 가야사정책연구위원회 엮음, 혜안, 2004.

『가야인의 삶과 문화』, 권주현 저, 혜안, 2009 개정판.

『3일 만에 읽는 화학』, 사마키 다케오, 서울문화사, 2008.

『한국의 전투와 무기』, 한국문화콘텐츠진흥원 편, 신현득 저, 현암사, 2009.

『조선의 과학기술』, 한국문화콘텐츠진흥원 편, 박상표 저, 현암사, 2009.

우리나라 유물유적에 신기한 과학이 숨어 있어요!

초판 1쇄 발행 2022년 11월 25일
초판 2쇄 발행 2023년 10월 25일

지은이 이영란 **그린이** 정석호
펴낸이 김종길 **펴낸 곳** 글담출판사

기획편집 이경숙·김보라 **영업** 성홍진
디자인 손소정 **마케팅** 김지수 **관리** 이현정

출판등록 1998년 12월 30일 제2013-000314호
주소 (04029) 서울시 마포구 월드컵로8길 41 (서교동 483-9)
전화 (02) 998-7030 **팩스** (02) 998-7924
블로그 blog.naver.com/geuldam4u **이메일** geuldam4u@naver.com

ISBN 978-89-93870-31-2(03900)

만든 사람들 ────────
책임편집 이경숙

글담출판에서는 참신한 발상, 따뜻한 시선을 가진 원고를 기다리고 있습니다.
원고는 글담출판 블로그와 이메일을 이용해 보내주세요. 여러분의 소중한 경험
과 지식을 나누세요.